Übersicht der Grafschaft Ravensberg Ende des 18. Jahrhunderts

Karla Keitel

Als die Lutter rückwärts floß

Dieses Buch widme ich

meinen Enkelkindern,
die mich immer wieder ermuntert haben,
weitere »Märchen« über Bielefeld und Umgebung
zu erzählen.

Bei der Eingangsgeschichte über die Kleinebergs
hat mir Frau Helga Kleineberg
wertvolle Hinweise über Einzelheiten gegeben,
für die ich mich herzlich bedanke.
Ebenso gilt mein Dank den Familien
Meyer zum Gottesberge, Meyer zu Ehlentrup
und Meyer zu Wendischhoff
für ihr wohlwollendes Verständnis.

Alle Erzählungen basieren zwar auf einem
geschichtlichen bzw. rechtlichen Hintergrund,
sind aber im übrigen völlig frei erfunden.

Karla Keitel

Als die Lutter rückwärts floß.

von
Müllern, Meyern, Mönchen
und
anderen Menschen
im Ravensberger Land

heka-Verlag · Heinz Kameier · Leopoldshöhe

Fotonachweis

Einband:
Vorderseite: Archiv Heimatverein Werther
Rückseite: Marcus Neu-Janus
Vorsatzkarte: Stadtarchiv und Landesgeschichtliche Bibliothek Bielefeld
                 Karla Keitel (hinten)

Inhalt:
Illustrationen: sämtliche Karla Keitel, Bielefeld
Fotos: Archiv Heimatverein Werther 2; Autorin (Sammlung und eigene Aufnahmen)
                  alle übrigen; heka-Verlag, Leopoldshöhe 1; Kieper-Fotohaus, Lengerich 1;
                  Kommunal-Archiv Herford 1; Neu-Janus, Marcus 1; Pütz, Ursula, Münster 1;
                  Schumacher, Hans, Bielefeld 1; Seppmann, Willy, Bielefeld 1; Stadtarchiv und
                  Landesgeschichtliche Bibliothek Bielefeld 15; Wasgindt, Horst, Bielefeld 1;
                  Wulfert, Rudolf, Enger 1

Bei den Fotoquellen ist gewissenhaft recherchiert worden. Sollte der ein oder andere Nachweis
übersehen worden oder unrichtig angegeben sein, bitten Autorin und Verlag um Nachricht und
Nachsicht.

Die Deutsche Bibliothek – CIP-Einheitsaufnahme

Keitel, Karla:
Als die Lutter rückwärts floß : von Müllern, Meyern, Mönchen und
anderen Menschen im Ravensberger Land / Karla Keitel. –
Leopoldshöhe : heka-Verl., 1999
   ISBN 3-928700-49-9

ISBN 3 928700 49 9; Warengruppe 61
© 1999 by *heka-Verlag,* Heinz Kameier, Leopoldshöhe
und Karla Keitel, Bielefeld
Alle Rechte vorbehalten, insbesondere das der Übersetzung
Nachdruck, auch auszugsweise, sowie Mikroverfilmungen nur mit
Genehmigung des Verlages
Einbandgestaltung: Martina Billerbeck, Bielefeld,
unter Verwendung der genannten Abbildungen
Gesamtherstellung:
Hans Kock Buch- und Offsetdruck GmbH, Bielefeld
Printed in Germany

Inhaltsverzeichnis

Das traurige Geschick
von Anna und Henrich Kleineberg

Es ist so an die 400 Jahre her, da gab es auf der Sparrenburg einen bösen Drosten, den Lubbert. Mißgestaltet mit einem klapperdürren Körper und einem bulligen Kopf, in dem winzige Äuglein über einer riesigen Nase hockten, kleidete er sich nach spanischer Mode, trug ein wattiertes Wams, den sogenannten Gänsebauch, und eine Halskrause so groß wie ein Mühlenrad. Sein Mäntelchen behängte er auch ohne besondere Anlässe mit zahlreichen Ketten und Schnallen. Doch nicht das geckenhafte Äußere war das Unangenehmste, sein teuflisches Wesen machte ihn so abstoßend. Seine Machtgier war schier unersättlich, und die Arglist mit der er seinen Vorteil bei dem herrschenden Herzog-Grafen suchte, machte ihn zum Feind aller 32 Sassen der Grafschaft. Betrieb er doch, um seinem in ewigen Geldnöten steckenden Herren zu gefallen, den Verkauf von Meyerhöfen und verschacherte Mühlen an den Meistbietenden. Auch veranlaßte er Johann-Wilhelm, der schon drei Frauen ins Grab geärgert hatte, noch nachträglich vom Land 6 000 Thaler »Fräuleinsteuer« zu verlangen, die einer fürstlichen Braut dargereicht zu werden hatten. Doch das Volk war arm und erboste sich darob.

In Dornberg nun hatte der Kolon Kleineberg einen Hof. Sein ältester Sohn, der Henrich, war ein rechter Heißsporn. Ihn erzürnte das frevlerische Gebaren des Drosten so sehr, daß er zum Rebellen wurde. Von seinem Ohm hatte er eine geheimnisvolle, mit roten Blutsteinen besetzte Schachtel zu eigen bekommen. Sie barg in ihrem Inneren wundertuende Krebsaugen, die Henrich ungewöhnlichen Mut und Kraft verliehen hatten.

Seine Schwester, die Anna, diente schon lange als Großmagd bei der Freifrau von Meschede, die als Leibzucht einen Hof in der Breiten Straße besaß.

Als diese nun sterbenskrank darniederlag, pflegte Anna sie aufopfernd. Ihres nahen Endes bewußt, rief die Frau das Mädchen an ihr Lager und

7

sprach: »Du hast mir stets treu gedient, so mögest du als Dank mein agnus Dei nehmen, damit es dich immer beschütze, und die 1 000 Thaler nimm dazu, auf daß du niemals Not leiden mögest. Ich habe in diesem Schreiben meinen Willen mit Siegel und meiner Petschaft bestätigt.« Anna nahm das wertvolle Papier an sich und verwahrte es in ihrem Mieder. Bald darauf brach das Auge der Freiin, und von Anna bitterlich beweint, wurde sie zu Grabe getragen.

Der umtriebige Lubbert schmeichelte sich indessen mit hinterlistigen Gemeinheiten beim Grafen ein. Gierte er doch nach dem Gut Sudbrack, dessen Vasall ohne lehnfähigen Erben verstorben war. Er schanzte deshalb seinem Herren so manch unredlich Geld zu, und die Willkür des vom Drosten aufgehetzten Grafen wurde immer ärger. Da versammelte der Kleineberg die gleichgesinnten Freien und Bauern um sich, und bei etlichen Bechern gut mit Nelken gewürzten Bieres schworen sie Rache und planten den Aufstand.

Henrich ging noch einmal zur Truhe und öffnete seine Zauberschachtel, um seine Kräfte zu mehren. Da fielen plötzlich die roten Steine herab, und als sie den Boden berührten, wurden sie zu drei Blutstropfen. Doch der Tatendurstige ließ sich nicht warnen durch das böse Omen.

Also rotteten sich die empörten Untertanen zusammen und zogen, voran Henrich und sein Freund, der Freiherr von der Horst vom Gut Milse, mit Schwertern und Dreschflegeln in die Stadt. Es wurde ein wildes Getümmel und grausiges Blutvergießen. Doch am Ende siegten die Burgmannen, und die Anführer der Revolte wurden in Eisen geschlossen und ins Burgverlies gesperrt.

Zur gleichen Zeit holte sich der Graf eine neue Frau als Herrin auf die Burg. Es war die dicke Antoinette aus Lothringen (s. Vorsatz hinten).

Die sechsspännige Kutsche kam durchs Niederntor nach Bielefeld hereingerumpelt. Die Stadtväter harrten zur Begrüßung vor dem Rathaus. Es regnete in Strömen. Die Herren standen angetan in ihren besten sammetenen Wämsen und hohen Hüten – jedoch, da man das Rathaus mit Holzschuhen nicht betreten durfte – diese in der Hand haltend, mit Strümpfen in hohen Pfützen. Mädchen in weißen Kleidern streuten Blumen. Doch da man vergessen hatte, die Schweine einzusperren, sahen diese das Grünzeug als willkommenes Frühstück an und wälzten sich dann satt und wohlig grunzend um die Kutsche herum im Schlamme.

Geringschätzig und voller Hohn kreischte die neue Gräfin: »Ihr Hundsfotte, ich werde hier Ordnung schaffen!« Und von Stund an wurde das Leben im Ravenberger Land ein Elendes.

Lubberts Späher und Schnüffler krochen in jedermanns Haus und Hof, um nach Ungebührlichkeiten zu fahnden und sofort der Gräfin zu hinterbringen. Gebieterisch verlangte die: »Hängt die Ketzer und Aufrührer am Halse auf!« Der braven Anna nun spielte Lubbert ganz übel mit. Er bezichtigte sie, die Freifrau vom Meschede mit dem bösen Blick getötet und ihr das Geld gestohlen zu haben. Das gesiegelte, entlastende Dokument hatte er ihr entrissen und dann verbrannt. Anna sei eine Hexe behauptete er. Und mit zehn anderen »Bräuten des Teufels«, die die sogenannten Hexenriecher der Zauberei anklagten, wurde sie ins Stockhaus, einem scheunenähnlichen Gebäude am Siekerwall, gesteckt, um dort elendiglich auszuharren, bis sie auf dem Hexenplatz bei Büschers Mühle verbrannt werde.

Schon waren die Galgen aufgestellt, die Rebellen zu hängen, schon die Scheiterhaufen getürmt, die Hexen zu brennen. Während vom kleinen Dachreitertürmchen des Franziskaner Kolsters die Glocke zur Frühmesse läutete und Heinrich in dem finsteren Gemäuern der Burg nicht untätig seiner Hinrichtung harrte, sondern verzweifelt einen Fluchtweg suchte, schritten im Armsünderhemd aus langen weißen Linnen die armen Frauen durch die Stadt. Durch Hellebardine vor Übergriffen des Pöbels geschützt, küßten sie das silberne Kruzifix, welches ihnen der Guardian entgegenstreckte. Ab Oberntor dann waren sie in der Gewalt des Drosten.

Die Mittagsstunde brach an. Auf dem Richtplatz hatte sich eine gaffende Menge versammelt, die mit vollen Backen die mitgebrachten

Schinken und Pickert kaute, um sich für das nahende schaurige Schauspiel zu stärken. Als erste wurde Anna an den Pfahl gebunden. Glaubte das Volk inzwischen in ihr die Oberhexe zu sehen. So geiferte ein altes Weib: »Wißt ihr denn nicht, daß sie in der Nacht fünf Frauen die Hände abgebissen hat!« Und eine andere brüllte: »Und 12 Männer hat sie lebendig gebraten und verzehrt!« Die aufgeputschte Menge johlte im Chor: »Brennt sie, sengt sie, brat' die Teufelshure!« Kein Mitleidspflänzchen konnte keimen.

Schon wurde die Lunte angesteckt, da ertönte plötzlich von der Burg her Totengeläut. Die Gräfin war an ihrem Fett erstickt, und ihr Gemahl hatte sich in geistiger Umnachtung mit dem Schwert den Hals durchgeschnitten. Augenblicklich fiel die Grafschaft Ravensberg an den Kurfürsten von Brandenburg. Und unter diesem aufgeklärten Herrscher war die Hexenverbrennung verboten. Die Frauen waren gerettet. Der Droste wurde mit Schimpf des Landes vertrieben. Henrich Kleineberg in seinem schaurigen Gewölbe mit dem Schimmel an den Wänden, dem Moder auf dem Boden und dem stinkenden, verfaulten Strohlager in der Ecke hatte endlich an dem spinnenverhangenen, felsgehauenen Wänden einen Stein entdeckt, der sich durch eine geheime Feder drehen ließ und einen Fluchtweg öffnete. Es gelang ihm, unentdeckt den väterlichen Hof zu erreichen. Voller Dankbarkeit konnte der alte Kolon Kleineberg seine beiden Kinder wieder in die Arme schließen.

Die alte Schachtel des Ohms lag noch in der Truhe, und auf ihrem Deckel glänzten wieder drei prachtvolle Rubine. Die wunderbringenden Krebsaugen aber waren verdorrt.

Zur Erinnerung an die Zeit, in der Brandenburg die Herrschaft über Bielefeld hatte, steht auf dem Hof der Sparrenburg das Denkmal des Großen Kurfürsten.

Der Truttel

In der halbverfallenen Kate am Rande der Rußheide wohnte der Truttel.

Gerade 100 Schritte von hier lag die alte Walkemühle. Der junge Landesherr hatte sie einem braven, erfahrenen Müller in Pacht gegeben. Nach ihm übernahm sie dessen Sohn und nach diesem der Enkel. Und alle waren zufrieden mit ihrem Tagewerk.

Als der Enkel alt und gebrechlich wurde, aber keinen Sohn hatte, der die Nachfolge antreten konnte, nahm der Graf, inzwischen selbst ein Greis, einen jungen, starken Burschen als Pächter. Dieser hatte sich angebiedert mit schönen Worten und heuchlerischen Schmeicheleien.

Kaum war der jedoch in die Müllerkluft geschlüpft, fing er an zu prahlen: »Oh, Oh, seht mich an, ich bin der große Boss!« Und er kam ins Streiten mit allen seinen Nachbarn. Er ließ sich seine Mühlendienste viel zu teuer bezahlen, er lieh Gelder aus und trieb hohe Schuldzinsen ein, und er betrog, wo er konnte. Er wurde immer reicher und hochnäsiger. Auch ließ er sich Land überschreiben und verkündete bald: »Oh, oh, ich habe den größten Hof!« Er verlangte von allen, sie mögen ihn als Herrn anerkennen und vor ihm den Diener machen. Sein »Oh, oh«

schallte durch Mühle und Stall und brachte die anderen in gerechten Zorn.

Das freie Land vor den Stadtmauern, die Feldmark, wurde von den Bürgern gemeinsam als Weide für ihre Schafe, Schweine und Pferde genutzt, und wer etwas anbaute, zahlte als Entgelt dem Grafen das »Morgenkorn«. Auch der Müller hatte seine Kutsch- und Arbeitspferde auf der Roßheide stehen, und er hatte derer eine große Anzahl, so daß es ihm mißfiel, wenn des Nachbarn Sauen mitweideten. »Oh, oh«, schrie er, »treibt Eure Schweine hinweg, hier bin ich der Boss. Die Roßheide will ich zu eigen haben, und wenn ich etwas davon abgebe, wird man *mir* das Morgenkorn zahlen müssen.«

Und er befahl seinen Knechten, die Sauen mit Stökken und Stangen davonzujagen.

Als das die Nachbarn hörten, rotteten sie sich zusammen und liefen zur Mühle,

voran der Schweinebauer. »Oh, oh, was wollt Ihr von mir?« höhnte der Müller, als er des Bauern Klage hörte, »Ihr seid doch selbst ein armes Schwein, das ich gleich verjagen werde.« Da schrie der so Beleidigte zurück: »Möge dir das ›Oh‹ im Halse stecken bleiben, du elender Blutsauger!« Das hörte der Erdgeist, der darüber wacht, daß alle Menschen gleichen Anteil an der Schönheit der Natur, dem Blühen der Blumen, dem Rauschen der Wälder und dem Plätschern des Bächleins haben, und der auch die Weiden der Tiere schützt. Schon lange ärgerte er sich über die Hoffart des Müllers, und so sprach er voller Grimm: »Er soll seine Strafe haben!« Da geschah es, daß dem Müller, als er sagen wollte: »Da lache ich Hohn!« über die Zunge kam: »Da lache ich HUHN!« Und nicht er, sondern die Bauern fingen an zu lachen. Und als er weitersprach und rufen wollte: »Ich bin der Boss, ich hab den größten Hof«, kam heraus: »Ich bin der BUS und hab den größten HUF!« Da konnten sich die Nachbarn nicht mehr halten und grölten: »Da lacht das Huhn, da lachen ja die Hühner.

Ein Bus ist er, wo ist denn deine Haltestelle? Und den größten Huf hat er, ja freilich, weil er der größte Esel ist. Ein Trottel, ein Trottel!« Und als zurückkam, »ich bin kein Truttel!«, da haben sich die Bauern beinahe krank gelacht. So sehr sich der Müller auch anstrengte und seinen Mund spitzte, er konnte sein Lebtag kein »O« mehr sprechen, es wurde stets nur ein kleines, dumpfes »U«. Da hat er voller Wut so mit den Füßen auf dem Mühlenboden herumgetrampelt, daß der durchbrach und die ganze Mühle zusammenfiel. Nun konnte er nichts mehr verdienen. Sein Geld war bald verbraucht, und er war arm. Man überließ ihm den alten Kotten, und die Kinder spielten ihm freche Streiche. So, als er einmal sagte, er wolle ausruhen und sich ins Moos setzen, schleppten sie einen großen Topf mit Mus heran und stießen ihn hinein. Aber hin und wieder wurde der Truttel geholt zu Hochzeiten und anderen lustigen Festen, als Hanswurst! Dann mußte er singen »Kummt ein Vugel geflugen« und alle lachten. Und wenn er am Schluß mit trauriger Stimme klagte »Der Mund ist aufgegangen«, erreichte die Heiterkeit ihren Höhepunkt, und man warf ihm ein paar Groschen zu.

Das war vor langer, langer Zeit.

Der Truttel, die Nachbarn und der Graf sind alle längst tot.

Die alte Kate ist abgerissen, aber die Roßheide heißt noch heute »Rußheide!«.

STADION RUSSHEIDE

13

Vor uralten Zeiten hausten tief unten im Mömkeloch am Jostmeiers Berg die Mömkekerle. Das waren winzige Gesellen mit kurzen, dünnen Beinchen, einem klugen Kopf und großen, geschickten Händen. Sie kannten sich aus in Kessel- und Hufschmieden, waren Wagner und Sattler, und gar oft hörte man im Berg ein Hämmern und Sägen. Gutmütig halfen sie den Menschen. Legte jemand ein kaputtes Werkzeug abends vor die Höhle, so fand der es am nächsten Morgen wieder ganz und heil. So manch einem Geplagten erschienen sie auch nächtens im Traum und gaben ihm schlauen Rat.

Nun hatten die Mömkekerle aber keine Frauen. Da sie jedoch ein Kind haben wollten, wählten sie den Zeitpunkt der Mittsommerwende, wohl wissend, daß in der Johannisnacht Wünsche in Erfüllung gehen. Sie machten sich auf und wanderten über die Kettlerschen Berge, über die Mordegge und das schwarze Gehölz, vorbei an Ellermanns Hof bis fast

»Mömkeloch«

Das Mömkekind

zur Galgenegge, zu deren Füßen die großen Bleichen der Weber lagen. Genau dort ist der Lutterkolk, der Quell des Lutterbaches. Dieser geheimnisvolle Strudeltopf im Brackweder Paß schien ohne Grund, und seine Wasser hatte seltsame Kräfte. Kamen nicht die kleinen Kinder aus dem Kolk? Und so raunten die Mömkekerle im Augenblick als sich der letzte Strahl der Sonne im Spiegel des Wassers brach ihren Spruch:

Treibet Säfte, kreiset Berge,
höret auf den Wunsch der Zwerge.
Feuer, Wasser, Erde, Wind
schenket uns ein Mömkekind!

Da ballten sich am Himmel auf einmal mächtige Wolken zusammen und die Nacht brach herein. Das Wasser färbte sich immer dunkler und wurde bluuutrot. Es fing an zu wallen und zu brodeln, und es stiegen, wie Perlen, kleine Blasen empor, bis plötzlich eine gewaltige Blase mit Donner und Blitz ... zerplatzte!!! und ... ein winziges Baby herausgeschleudert wurde. Dann war der Kolk wieder tief, dunkel und still.

Es war ein Zauberkind, das da die Wasser geboren. Es war halb Mömk, halb Mensch. Es hatte die Klugheit und die Begabung seiner Väter und die Gestalt eines Menschen. Die Mömkekerle nannten den Jungen »Johannes« nach der Stunde seiner Geburt. Sie hegten und umsorgten ihn pfleglich, doch bald war er so groß, daß er nicht mehr in die Zwergenhöhle paßte, und er zog aus und versteckte sich im Wald.

Nun wollte es aber das Geschick, daß gerade der Herzog zur Jagd geblasen hatte. Er sah den wohlgestalteten Knaben, und da seine Ehe trotz jahrelangen Hoffens noch immer nicht mit Nachwuchs gesegnet war, nahm er ihn zu sich. Als ihm seine Frau später doch noch vier Kinder schenkte, behandelte er alle so, als seien sie aus einem Schoße geboren. Bald jedoch merkte man, welche besonderen Gaben das Findelkind hatte. Der Junge war der Klügste und Geschickteste von allen. Und der Herzog wähnte schon seinen Nachfolger in ihm. Doch als nun Johannes zum Jüngling herangewachsen war, da fing das Blut seiner Väter an, ihm Unruhe zu bereiten, so daß er nicht mehr aus noch ein wußte. So ging er traurig eines Tages zum Herzog und sprach mit wohlgesetzten Worten:

Oh Herr, ich weiß Euch Dank,
und werd' Euch immer dienen.
Jedoch des Ritters Schwert
ist nicht für meine Hand gemacht.
Kann nicht des Bruders Bruder sein.
Drum laßt mich ziehn.
Es ruft ein mächtig Ruf mich aus der Tiefe.

Das hörte der Herzog mit großer Betrübnis, doch er gab seinen Segen und ließ den Jüngling seines Weges gehen. Der wanderte ins Rheinische und erlernte dort das Handwerk des Goldschmiedes. Doch schon nach kurzer Zeit verstand er es, so kunstvoll das edle Metall zu formen und Perlen und Steine zu setzen, daß er bald des Meisters Meister war. So kam er zurück nach Bielefeld. Und wie nun die Aufträge, die er von reichen Bürgern bekam für feine Geschmeide, kostbare Tabakdosen oder wertvolle Tischgefäße, immer mehr wurden, so mehrt sich auch sein Ansehen. Und gar bald reiste er selbst nach Antwerpen und nach Venedig, um die schönsten Steine auszusuchen und zu erwerben. So wurde er zum Handelsherrn. Er traf bei seinen Geschäften auf viele andere Kaufleute, und sie tauschten sich untereinander aus. Über die Schwierigkeiten mit dem Gesindel auf den Straßen, mit den Zöllen, aber sie feierten auch ihre Feste zusammen. Und da sagte Johannes: »Laßt uns

Zur Bleiche ausgehängte Stoffbahnen

sein wie Brüder, wir wollen einander helfen und füreinander einstehen.« Und so gründete er den Johannes-Bruderorden, deren Mitglieder bald sehr einflußreich und wohlhabend wurden.Wer neu in diese Gilde eintreten wollte, der mußte sich teuer einkaufen, einen Treueeid leisten und für alle ein Gastmahl geben. Obwohl Johannes nun reich und ein hochgeachteter Bürger der Stadt war, wurde er doch nie eingebildet oder hochnäsig, denn tief in seinem Herzen eingegraben war ein Spruch aus seiner frühesten Kindheit:

Mömkekerle tuen Gutes,
bleibe frei und frohen Mutes.

Und so wußten sowohl die Bürger als auch der Herzog seine Freundlichkeit und seine Hilfsbereitschaft zu schätzen. Eines Tages nun, da geschah es , daß der Amtsdeche, der Vorsteher der Gilde, zu Johannes kam und klagte: »Den Mühlen und Bleichen der Stadt gebricht es am Wasser. Was sollen wir nur tun? Ach, die Müller und Weber werden in große Not kommen.« Da ging Johannes zum Herzog, und durch schlaues Verhandeln bekam er die Erlaubnis, die Lutter an ihrer Quelle anzugraben und einen Teil ihrer Wässer nach Bielefeld zu leiten. Und so gibt es seitdem zwei Lutterbäche, der eine, der, wie ursprünglich, durch Brackwede zur Ems führt, und der andere, der, heute zwar meist unterirdisch, sich mitten durch Bielefeld windet, sich an der Milser Mühle mit dem Johannisbach vereint und als Aa in Richtung Herford fließt.

Johannes ist sehr alt geworden und hat noch viel Gutes getan, doch eines Tages … war er plötzlich verschwunden, da hatten ihn die Mömkekerle heimgeholt. Das Mömkeloch aber am Jostmeiers Berg wurde zugeschüttet. Und über dem Lutterkolk liegen heute die Eisenbahnschienen.

Doch, wenn man die Osnabrücker Straße von Brackwede nach Bielefeld fährt, da sieht man dann rechts auf einmal ein fast unleserliches Schild »Lutterquelle«. Über eine schmale Straße, unter dem Ostwestfalendamm hindurch, führt ein wackeliges Holztreppchen die Wiese hinunter, und da, links aus dem Hang sprudelt ein Quell. Er verschwindet dann ganz schnell unter den Schienen, unter Beton und Eisen.

Auf der anderen Seite der Bundesbahnlinie liegt der Brackweder Güterbahnhof.

och droben am nördlichen Strebpfeiler der Altstädter Kirche steht ein alter Mann mit einem langen Bart und schaut suchend über die Stadt. Es ist der Bürgermeister Burggraffe.

Es war vor etwa 400 Jahren, da gebar dem Stadtschreiber die Frau nach sechs Töchtern ein Knäblein. Es war wohlgeformt, hatte die kühne Nase seines Vaters und die verträumt scheuen Augen der Mutter. Sie nannten es »Hennrich«. Die Patin, gleichwohl begnadet wie belastet mit dem Blick in die Zukunft, sagte den stolzen Eltern: »Euer Bub wird zu Amt und Ehren kommen, doch eines Tages wird ihm Seltsames widerfahren. Ist er tumb und wählet den falschen Weg, wird es sein Verderben sein.« Dann legte sie auf das Steckkissen des Täuflings ein kleines, silbernes Schnupftabakdöschen und flüsterte:

Der Seraphin

Die in der ersten Hälfte des 16. Jahrhunderts geschnitzte Tafel vom Levitenstuhl in der Bielefelder St.-Jodokus-Kirche

Solang das Silber blinket,
kein Unheil Deiner winket,
doch wenn der Schein vergeht,
sind Deine Tag' verweht.

Als der Bub nun heranwuchs und von dem Spruch der Patin wußte, fragte er oft: »Mutter, ist mein Döschen noch blank?« Und die Mutter tröstete ihn: »Sei ruhig, mein Sohn, es blinkt dort im Schrank.« Die Eltern behüteten ihren Sohn sorglich, damit ihm kein Leides geschehe. Und das silberne Döschen erstrahlte in makellosem Glanze, ohne daß

Die Altstädter
Nikolaikirche um 1880

man es je putzen mußte. Der Bub wuchs heran zu einem schönen und gescheiten Jüngling. Und immer wieder fragte er die Mutter. »Sag Mutter, ist mein Döschen noch blank?« Und er erhielt zur Antwort: »Sei ruhig mein Sohn, es blinkt dort im Schrank.«

So wurde nun aus dem Jüngling ein geachteter Mann. Mit zunehmendem Alter wuchs sein Ansehen unter den Mitbürgern, und als der alte Bürgermeister starb, fiel die Wahl auf ihn als dessen Nachfolger. Aber zögerlich trat er das hohe Amt an, war doch viel Zwiespältiges in seinem Wesen. Sprühte heute sein Geist vor kühner Ideen, und er ging tatkräftig daran, ein Werk zu vollbringen, so scheute er morgen voller Angst vor jedlichem Tun zurück. Er hatte es schwer.

Nun gab es westlich der Altstädter Kirche das Kloster der Franziskaner. Hatten die zunächst ihre Bleibe am Jostberg gefunden, waren sie bald in die Stadtmitte übergesiedelt. So waren sie näher den Armen und Bedürftigen, denen sie Trost und Hilfe spendeten, wie ihnen ihr Orden gebot, seit ein mächtiger Engel mit sechs Flügeln dem heiligen Franziskus erschienen war. Wie nun der Abt, der ein Jugendgespiele des Bürgermeisters war, sah, in welchen Nöten Hennrich war, betete er, es möge ihm Rat beschieden werden, damit er treu und bieder seine Amtsgeschäfte verrichten könne. Und da ... stieg, als es Abend wurde, aus dem letzten fahlen Dämmerschein der Seraphin auf. Er umkreiste das Kloster und flog weiter zur Altstädter Kirche. Dort, in der ersten Bank, kniete in stiller Andacht der Bürgermeister. Wie nun der Engel sich ihm nahte, erfaßte ihn unsäglicher Schrecken. Kam doch vom Westen das Dunkel und mit dem Dunkel das Böse. Das Heil kam aus dem Osten, wo die Sonne aufging und Leben spendete. Ihm grauste, wollte der Herr ihn strafen? Und die Furcht gab ihm böse Worte ein: »Hebe dich hinweg, du Satansgestalt und störe nicht meine Kreise. Schütte den Kelch des Unglücks über dich selber aus, damit deine sechs Geierschwingen im höllischen Feuer verbrennen mögen.« Dann spreizte er angstvoll alle zehn Finger gegen den Seraphin und heischte ihn, zu verschwinden. Traurig breitete der seine Flügel und flog davon. Der törichte Mensch hatte seine Hilfe verschmäht.

Als der Bürgermeister sein Haus betrat, sah er zu seinem größten Entsetzen, daß sein Schnupftabakdöschen blind geworden war. Das Silber zeigte schwarze Flecken, und schon sah man kleine Löcher, als habe eine Ratte daran genagt. Von Stund' an vermehrten sich die Sorgen und

Nöte, und er hatte keinen Frieden mehr. Er versuchte, mit Opfern die Geschicke gütig zu stimmen. Er betrat kein Wirtshaus mehr und fastete, er legte sich Buße auf, aber er wurde darob nur von den Bürgern verhöhnt und seine Amtsgewalt geschmälert. Schließlich ließ er einen Löwen über dem Kirchentor anbringen. Der sollte die bösen Geister abwehren. Doch die Dose verrottete immer mehr, Hennrich wurde früh alt und grau und verstarb vor Gram.

Auf seinem Grabstein steht geschrieben: »Kein größeres Unglück ist mir im Leben widerfahren, als daß man mich zum Bürgermeister erwählt hat.« Oben aber, unter der Dachtraufe steht er, steinern und kalt. Er wartet auf die Rückkehr des Seraphin, ihm Abbitte zu leisten und endlich Ruhe zu finden. Der gütige Engel aber ist in der Jodokuskirche eingemeiselt. Und wer ihn berührt, dem öffnet sich Geist und Seele.

Grabinschrift des Bürgermeisters Burggraffe an der Altstädter Nikolaikirche:
»Johannes Burggraffe der Ältere liegt hier zusammen mit seiner Ehefrau Elisabeth; er glaubte, nichts Schlimmeres sei ihm in seinem Leben widerfahren, als daß er zum Bürgermeister dieser Stadt gewählt wurde. Er starb im Jahre des Heils 1590, am 20. Oktober ...«

Der Freiherr und das Ömmelchen

Im Osning lebte einst ein wilder Jäger, der Freiherr Siegismund. Der war ein hübscher Jüngling mit blondem Lockenhaar und entstammte einer alten Adelsfamilie. Doch er war ein Nichtsnutz, und er hatte eine Horde gleichgesinnter, übermütiger Gesellen um sich geschart. Die Leute im Ort nannten ihn nur »den wilden Siegi«, und sie hatten einen mächtigen Zorn auf ihn, denn er jagte nicht nur das Wild in Wald und Feld, nein, er ging auch auf die Pirsch nach ihren Töchtern und Frauen. Im Walde lebte aber auch das Ömmelchen, ein Moosweiblein. Diese kleinen Wesen sind kaum größer als ein Eichhörnchen. Sie leben tief im Tann in warmen Mooshöhlen und sind sehr scheu, aber gutmütig und hilfreich.
Sie sehen, hören und verstehen alles, aber sie sind stumm.

Spiegelshof und die Türme der Neustädter Marienkirche, wie sie in der damaligen Zeit ausgesehen haben

Wieder einmal jagte der junge Siegismund im Mai, zur Unzeit, als die Rehe und Sauen ihre Jungen hüteten. Er scheuchte und schoß die Hasen, und seine Gesellen zertrampelten die Felder, und achteten nicht auf die junge Saat. Auf den Weiden hetzten sie das Vieh, so daß es blökte. Da liefen die Meckler, das waren die Feldaufseher, die die Obhut über die Wiesen und die grasenden Tiere hatten, zum Rat und erhoben Anklage gegen den wilden Freiherrn. »Ihr Herren hört, der Siegismund fügt uns großen Schaden zu.« Auch die Baumhüter forderten Buße für die zerstörten Schlagbäume, die die wilde Horde im übermütigem Treiben eingerissen hatte. Aber so wenig wie der Freiherr städtische Steuern zahlen mußte, so wenig konnte er vor das Ratsgericht gestellt werden, denn der Adel hatte eine eigene Gerichtsbarkeit. Siegismund und seine Freunde trieben also ungestraft weiter ihre Schandtaten. Und wenn sie abends im Wirtshaus beim Branntwein saßen, dann griffen sie lachend nach den Weibern, um sich zu vergnügen.

Nun geschah es aber, daß Siegismund im Rausch die Jungfer Anna packte. Anna war die Tochter des Stadtmusikus, ein braves Mädchen von 16 Jahren. Die lief vor Verzweiflung und Scham in den Wald. Und wie sie so auf einem Baumstumpf saß und weinte, da kam das Ömmelchen. Das schluchzende Mädchen tat ihm leid, und es strich tröstend über Annas Haar. Da erzählte diese ihre Geschichte.

Als sie geendet hatte, war das Ömmelchen verschwunden, aber ein Eichhörnchen saß auf dem Baum und warf der Jungfer eine Haselnuß in den Schoß, die war ganz aus Gold.

Das Ömmelchen aber dachte, der Siegismund darf nicht ungestraft bleiben. Und als dieser nun wieder einmal mit lautem Gejohle durch den Wald ritt, verwandelte sich das Ömmelchen in ein Reh und lockte den Freiherrn immer tiefer in den dichten Tann. Und wie er gerade seine Flinte anheben wollte, da konnte er das Reh nicht mehr sehen. An seiner Stelle stand eine Blume auf vier Stengeln, und auf den Blütenblättern glitzerten viele Tautropfen, oder waren es Schweißtropfen des gehetzten Tieres? Aus den Wipfeln der Bäume aber kam ein Raunen:

Du tust nicht recht, Dein Weg ist schlecht,
kehr um Siegismund, kehr um!

Das seltsame Erlebnis ließ dem Freiherrn keine Ruhe, und es verlangte ihn, nach dem Reh zu suchen. Es verstrichen keine drei Tage, und er streifte wieder durch den Wald. Diesmal hatte sich das Ömmelchen in ein junges Mädchen verwandelt. Es hüpfte tändelnd vor ihm her und war dann eben so plötzlich verschwunden wie zuvor das Reh. Stattdessen wuchs aus der Erde eine Blume auf zwei Stengeln. In ihrer Blüte glitzerten wieder die Tautropfen, oder waren es die Tränen des gequälten Mädchens? Und in den Baumgipfeln raunte und rauschte es mahnend:

Du tust nicht recht, Dein Weg ist schlecht,
kehr um Siegismund, kehr um!

Nun wurde Siegismund wilder denn je. Und schon am nächsten Tag machte er sich auf, das seltsame Mädchen zu suchen, das so verführerisch ihn erst gelockt und dann genarrt hatte. Diesmal verirrte er sich ganz und gar. Schon fing es an zu dunkeln, und er wußte nicht mehr Weg und Steg. Da sah er plötzlich wieder eine Blume vor sich aufwachsen. Sie war prachtvoller als jede zuvor, und ihre Tautropfen glitzerten und blinkten wie tausend spitze Scherben. Schon wollte der Freiherr die Blume pflücken und griff nach ihr, da stand plötzlich das Ömmelchen vor ihm. Es strich mit der Hand über den Blütenkelch, und alle Tropfen flossen zusammen zu einem klaren Kristall. Das Ömmelchen brach den Stengel und hielt dem Freiherrn nun einen Spiegel vor. Der sah da sein Gesicht, und er sah, wie es zerfiel und zu einer häßlichen, bösen Fratze wurde. Er sah weiter, wie Männer, Frauen und sogar Kinder ihn verhöhnten und mit Stöcken und Peitschen ihm drohten und ihn hetzten

Das Relief von 1682 am Spiegelschen Hof

über Stock und Stein. Da erschrak er so sehr, daß er zu Boden sank. Als ihm endlich die Sinne wiederkamen, rannen ein paar Tropfen Blut an seiner Hand, und er bemerkte, daß er eine winzige Spiegelscherbe umklammerte. Er schaute hinein. Sein Haar war noch blond und seine Haut glatt. Da kam eine gewaltige Reue über ihn. Und er gelobte, umzukehren und fortan ein wohlgefälliges Leben zu führen.

Zur Erinnerung und als Dank für seine wundersame Läuterung nannte er sich künftig »Herr von Spiegel«.

Er schickte alle seine Spießgesellen fort, schenkte dem Grafen seine Hundemeute und erwarb, als Burglehen, am Fuße des Berges einen Hof und lebte dort mit einer Katze, 29 Hühnern und einem Hahn. Er wurde ein angesehenes Mitglied im Rat von Bielefeld. Und der Spiegelshof ist noch heute ein Schmuckstück für die Stadt.

Aber, wißt ihr denn auch, daß die 29 Hühner echte Spiegeleier legten?

Relief neben dem Eingang

Der Lügentunnel

Wenn man von der Obernstraße zum Klosterplatz gehen will, kommt man an der Jodokuskirche durch einen engen, dunklen Gang, der auf einer Seite von einem Engel bewacht wird. Wer weiß denn auch, daß das der Lügentunnel ist?

Es war einmal ein gar unseliger Geselle, der trug die Haare genau so zottelig wie sein Gewand, und die Stiefel hatten noch größere Löcher als sein, mit fünf Hahnenfedern geschmückter Schlapphut. Seine Stimme klang wie rostiges Eisen, und man nannte ihn den »schaurigen Jonathan«.

Die kleinen Kinder hatten Angst
vor ihm, doch die größeren versteckten sich und johlten:

Jonathan, Jonathan,
schau Dich mal im Spiegel an,
bist so dumm und plump,
bist ein großer Lump!

Jonathan grollte darob mit eben
diesem schaurigen Gekrächze
und schwang wütend seinen dikken Stock.
Jonathan war kein böser Mensch.
Doch vor grauen Zeiten wurde
seine Urahnin, die ein wunderschönes Weib gewesen war, von
einer eifersüchtigen Hexe mit
einem Fluch belegt. Alle ihre Nachfahren sollten häßlich sein und im
Banne des Satans stehen, bis einer sich in seiner Not selbst erkenne.
Also war es gekommen, daß auch bei Jonathans Geburt der Teufel
Pate gestanden hatte und nun dessen Geschicke lenkte. Es führte der
Geselle ein unseliges Leben. Sein ganzes Sinnen und Trachten ging nur
dahin, ohne Mühsal reich zu werden. Und so stahl er vom Morgengrauen bis zur Dämmerung dem lieben Herrgott die Zeit, nur damit
beschäftigt zu brüten, woher an Zaster und Mäuse kommen.
Als er sich nun wieder einmal in der Gegend um Tatenhausen herum-
trieb, hörte er, daß auf dem Schloß gerade ein Pater vom Bielefelder
Kloster den Gottesdienst abhielt, wie das so üblich. Just reifte in ihm
ein finsterer Plan. Er lauerte dem heimziehenden Mönch auf, schlug ihn
nieder und raubte ihm Brevier und Kutte. Mit dieser angetan, das Gebet-
buch in der Hand, schritt er vergnügt ein Liedchen pfeifend den schönen »Paterpatt« entlang gen Bielefeld. Am Kloster angekommen, gab er
sich als wandernder Bruder aus und bat um Einkehr und Unterkunft. So
nistete er sich – des längeren Bleibens willig – in einer Zelle ein. Doch
nicht um fromm zu beten und gute Werke zu tun, war er in das Mönchs-

gewand geschlüpft, er sann darauf, sich an den barmherzigen Spenden zu bereichern. Und so behielt er nicht nur den Großteil der täglichen Gaben, die er selbst als scheinbarer Franziskaner erbettelte, nein, diebisch klaubte er des Nachts auch aus den Säckeln der anderen Brüder die Thaler heraus.

Um nun seine Beute beiseite zu bringen, hatte er sich, da die Pforte des Klosters nachts stets verschlossen war, heimlich vom Keller aus eine Öffnung zu dem Durchgang gegraben, gerade groß genug, daß er mit seinem klapperdürren Leib hindurchschlüpfen konnte. So gelang es ihm, ungesehen ins Freie zu kommen und das Geld unter einer Ulme beim nahen Waldhof zu vergraben. War er zurück, verschmierte er das Loch sorgfältig mit Lehm, auf daß es keiner bemerke.

So trieb der schaurige Jonathan sein Unwesen wohl lange Zeit. Ja hört nur, er saß, als ob es gerecht, beim St. Jodokus-Kirchweihfest mit dem Bürgermeister an einem Tische und schlich sich in dessen Vertrauen ein. Der und die Ratsherren wurden von den Mönchen jährlich zur Feier eingeladen und reichlich bewirtet, nur den Wein mußten die Herren selbst mitbringen.

Eines Nachts nun, es war ein heißer Augusttag gewesen, und die Gassen glühten noch von der eingesogenen Sonnenwärme. Der runde, volle Mond leuchtete am Himmel, und die Menschen hatten einen unruhigen Schlaf. Am letzten Sonntag war von der Kanzel ein neuer Betteltermin angesetzt worden, und Jonathan hatte von einem adligen Bürger der Stadt eine beachtliche Summe bekommen, die für die Pflasterung der ums Kloster liegenden Gassen bestimmt war, und ein anderer hatte eine Stiftung für die neue Mädchenschule gemacht. Wie freute er sich diebisch, die neuen Reichtümer zu vergraben. Doch nicht nur die Menschen fanden in dieser Nacht wenig Erquickung, auch die Tiere waren unruhig. Und so kam es, daß der Hund vom Waldhofbauern, als er seltsame Geräusche unter den Bäumen hörte, laut zu bellen anfing. Dadurch weckte er all die anderen Hunde, Katzen und Rösser der Nachbarschaft auf, und ein animalisches Babylon brach aus. Sogar die Hähne fingen an zu krähen, wähnten sie doch, der Morgen sei angebrochen. Alle Hausherren mit ihren Weibern, die Knechte und die Mägde, die Gesellen und die Lehrbuben, die Krämer und die Höker stürzten aus ihren Häusern auf die Straße, um zu sehen, was sich da begäbe.

In dem allgemeinen Tumult war es Jonathan gelungen zu entkommen und sich in seinen Gang zu retten. Doch was war das? Sein Loch war verschwunden! An einem Ende des Ganges aber stand ein Engel mit einem Schwert in der Hand. Er sprach: »Elender Mensch, wie kannst du mit Lügen und Trügen deine Tage füllen und dreist dich an Gaben vergreifen, die gegeben sind Gutes zu tun. Sprich und bereue!«

Aber Jonathan erwiderte frech in das Antlitz des Engels: »Warum bezichtigt Ihr mich? Ich bin ein braver Mönch und diene Gott. Ich wollte nur ein wenig wandeln und mich an der Nachtkühle laben.«

Am anderen Ende des Ganges aber stand, die Hörner gesenkt und vor Begierde zitternd, der Teufel. Und mit satanischem Lächeln hetzte er: »Recht so, du dummer Mensch, sündige nur fort, so wirst du endlich ganz mein sein!«

Und auf einmal erfüllte ein beißender Schwefelgeruch den Tunnel, und die Wände schienen aufeinander zuzustreben. Immer enger und enger wurde das stinkende Gefängnis. Schon berührten die Mauern Jonathans Schultern, er meinte keinen Atem mehr zu bekommen und er schrie. Da hörte er die Stimme des Engels:

»Oh, du Unseliger, bekenne, daß du ein Sünder bist, und du wirst erlöst sein.«

So rief in seiner großen Todesnot der Jonathan:

»Ich bekenne! Vergebt mir, ich bereue.«

Dann fiel er auf die Knie und die Sinne schwanden ihm. Augenblicklich fuhr der Teufel mit einem wütenden Ho-Ho in die Hölle und ward nie wieder gesehen. Als aber der Jonathan seine Augen wieder aufschlug, waren die bedrückenden Wände auseinandergewichen, er war geläutert und der böse Fluch von ihm genommen. Mit anderen frommen Laien gründete er die Gürtelbruderschaft. Ihre Mitglieder trugen zum Zeichen ihrer seelsorgerischen Arbeit einen geweihten Gürtel.

Und man erzählt auch, daß, als der Kanonenbischof Bielefeld beschoß und es rund um den Markt brannte, Jonathan der erste war, der mit nassen Kuhhäuten die Flammen ausgeschlagen hat. Nach seinem Tode wurde er – wie ein Klosterbewohner – auf dem unterirdischen Friedhof, der sich unter dem Kreuzgang an der Kirchenseite befand, feierlich begraben, und die Schwarze Madonna hat ihn in ihrer Hut.

Heute passieren viele Menschen täglich den Gang zwischen der Obernstraße und dem Klosterplatz. Doch wer mit einer großen Lüge durch diesen Tunnel geht, dem ist, als würden die Wände immer enger, und ihm wird bänglich. Möge er seine Schuld erkennen und fürderhin den rechten Weg gehen. Der Engel, der noch heute das Kloster bewacht, wird ihm dabei helfen.

Ins Mittelalter versetzt fühlt sich, wer vom Klosterplatz unter den romanischen Bogen in Richtung Obernstraße geht. Dieser Durchgang dürfte der älteste in Bielefeld sein.

Der Mühlenohm oder: Der Tag, an dem die Lutter rückwärts floß

Vor hundert Jahren gab es in der Straße Am Bach wirklich noch einen Bach, es floß dort die damals noch nicht überwölbte Lutter. Ihre Wasser trieben zwei Mühlen, die am Brücktor, und die dem Waldhof gegenüber, die Damm-Mühle. Diese wurde 1953 abgerissen, die Straße eingezogen und auf dem Gelände das Bavink-Gymnasium gebaut. Was sich aber vor Urzeiten in der Damm-Mühle ereignete, ist eine seltsame Geschichte.

Die Damm-Mühle um 1953, eine der zwei ältesten Mühlen in Bielefeld

Alle Mühlen in der näheren und weiteren Umgebung Bielefelds standen schon damals unter der Schutzherrschaft des Mühlenohms. Da waren Wassermühlen mit Mühlsteinen oder mit Schleudern wie die Hammermühle, aus Holz gebaute Bockwindmühlen, bei denen sich die ganze Mühle dreht, oder Steinmühlen, wo das Windrad nur die Kappe bewegt. Und es heißt, der Ohm habe sich sogar um die Kaffeemühlen gekümmert.

In der Zeit, als noch »Mühlenfriede« herrschte, die Gemeinden also das Recht hatten, selbst Mühlen zu betreiben, war der Mühlenohm ein wohlhabender Mann, der sein Handwerk verstand wie kein anderer. Später belegte man die Mühlen mit dem »Mühlenbann«. Nur die Landesherren durften sie zu eigen haben und teuer verpachten. Die Bauern aber wurden bei Strafe gezwungen, ihr Korn nur in den für sie bestimmten herrschaftlichen Mühlen mahlen zu lassen. Allen war dieser »Mühlenzwang« auferlegt.

Der Ohm jedoch war noch ein freier Müller gewesen. Aber ihn ereilte ein schlimmes Geschick. Eines heißen Sommertages, es war schon spät, und er war von der vielen Arbeit müde, wollte er noch einen letzten Sack mit Weizen eingeben, da stach ihn plötzlich eine Hornisse ins Ohr! Der starke Mann mit der schweren Last auf der Schulter verlor vor Schmerz das Gleichgewicht, er fiel mitsamt den Körnern ins Mahlwerk und kam elendlich um.

Und seit dem Tage gibt es, und alle Müller wissen das, einen treuen Wächter ihrer Zunft, der behütend seine Hand über die Mühlen hält, aber besonders über die Damm-Mühle, denn dort stand nun der Melchior, der Ururenkel des Ohms im Dienste des Grafen.

Der Melchior war blaß und dick, immer überall mit Mehl verschmiert, weder schnell auf den Füßen noch fix im Kopfe, und so ward ihm sein Beruf recht mühsam. Die Leute ringsum nannten ihn den »Mehlohr« und machten ihre Witze über ihn.

Wer sich nun mit dem Wachsen der Gräser und Körner auskennt, der weiß, daß alle sieben Jahre auf irgendeinem Acker des Landes die goldene Königsähre wächst. Wer sie findet und sie stets in seinem Beutel gut verwahrt, wird reich.

Als der Melchior nun wieder einmal unter Ächzen sein Tagewerk vollbracht hatte und den letzten Sack zubinden wollte, bemerkte er plötzlich, wie es unter dem weißen Mehl golden blitzte. Ihm schwante Gräßliches. Hatte er sein Glück zu Staub zermahlen? Und er jammerte laut: »Aaach, Ooooh, könnt' ich doch den Tag zurückdrehen, gar sicher würde ich dann die wertvollen Körner finden.« Das hörte der Mühlenohm. »Ach«, dachte der, »ich will dem armen Menschen auch einmal Gutes tun, soll er seinen Willen haben.« Aber welch Schreck! Was geschah? Mit einem gewaltigen Ruck blieb die Zeit stehen und lief von Sekunde an rückwärts, und zwar in Windeseile, so daß dem armen Melchior Hören und Sehen vergingen. Das Mühlenrad drehte sich gegenläufig, und die Lutter floß zum Schwarzen Bach hin an Werther vorbei zur Quelle hinauf. Kaum, daß das eben gemahlene Mehl wieder im Mahlwerk verschwand, rauschte es säckeweise oben ungemahlen heraus, lud sich auf die Leiterwagen und fuhr zurück zu den Bauern. Der Bäcker, der gerade den Teig für die Morgenbrötchen bereitete, schaute entsetzt zu, wie er nur noch Hefe und Wasser zwischen seinen Händen knetete. Das Mehl war zurück in die Säcke geflutscht, diese hatten Beinchen bekommen und waren zur Mühle gerannt, und mit ihnen standen da drohend die Bauern, die Bäcker und die Hausfrauen: »Mehlohr, Mehlohr, bist du des Teufels, mach sofort, daß wieder alles seinen rechten Gang hat!«

Der Mühlenohm sah, in welche Verzweiflung er den armen Melchior getrieben hatte, dem keine Weile geblieben, nach dem Golde zu suchen. So ließ er den Lauf der Zeit wieder ordentlich gehen, und alles war wie zuvor.

Der Melchior ist nie reich geworden, und der Graf hat sich bald einen anderen Pächter für die Damm-Mühle gesucht. Der Mühlenohm aber wacht noch heute über alle Mühlen. Und wenn ihr einmal einen älteren Herren, so mit kleinem Bäuchlein und mit einem Rauschebart, mit einem altmodischen Müllerkäppchen auf dem Kopfe gestenreich und sachkundig erklären hört, wie die Bockwindmühle auf der Ochsenheide funktioniert, dann habt ihr tatsächlich den Mühlenohm gesehen.

Die Lauseiche

Da, wo der Brönninghauser Bach in die Windwehe mündet, ganz nahe beim alten Runkelkrug, steht ein großer, uralter Baum. Man nennt ihn »die Lauseiche«. Es heißt, an ihrer Rinde hätten sich früher die Zigeuner gekratzt und sich von ihren Läusen befreit. Ob das wahr ist, weiß man nicht, aber eines ist gewiß: Hier spukt es!

Es lebte einmal ein reicher Bauer in Brönninghausen. Der hatte zwei Söhne, den Hubert und den Caspar. Der eine war hochgewachsen und stolz, doch er trug auch seine Nae hoch und war voller Mißachtung gegenüber seinem kleinen Bruder, der brav und bescheiden alle Ächte ertrug.

Als nun der alte Bauer gestorben war, erbte Hubert, der Älteste, den Hof, wie das in Westfalen so rechtens war, und für Caspar blieb nur ein armseliger Kotten mit einem kleinen Garten dahinter übrig. In dem brüchigen Stall hielt er eine Kuh, die Liese, und eine Ziege. Zwischen den

Beeten scharrten fünf Hühner, voran Gabriel, der Hahn. Der reiche Bruder lebte in den Tag hinein. Statt auf seinen Feldern zu schaffen, stolzierte er im Gehrock und steifen Kragen im nahen Bielefeld herum, praßte bei den Wirten der Stadt und spielte mit dunklen Gestalten um Geld. So kam es, daß bald sein Hof voller Schulden stand.

Hatte er zunächst Caspar ob seines spärlichen Besitzes nur mit Hohn bedacht, so erfaßte ihn nun Zorn und Gier, wenn er das Erbe seines Bruders schaute. Der war fleißig gewesen, hatte gezimmert und gemauert, so daß Häuschen und Stall sich wieder schmuck und sauber zeigten. Im Garten gediehen herrliche Blumen, die Caspars Frau, zu prächtigen Sträußen gebunden, in der Stadt verkaufte.

Hubert nun sann darauf, wie er dem Bruder schaden könne, um auch dessen Besitz habhaft zu werden. So tat er heimlich, als eines frühen Morgens die Kühe auf die Feldmark – die gemeinsame Weide – getrieben wurden, zur Liese noch zwei von seinen Rindern hinzu. Dann lief er zum Meckler: »Seht, der Caspar hat mir Vieh gestohlen und treibt es nun als sein Eigen ein.« Da wurden alle drei Tiere in den Schüttstall gesperrt, und Caspar mußte nicht nur Buße zahlen, um sie wieder frei zu bekommen, sondern wurde auch noch für den angeblichen Diebstahl hart bestraft.

Wenig später schlug Hubert Bäume, mehr als ihm zustanden. Auch setzte er dafür keine jungen »Potten«. Dann lief er zum Holzrichter:

»Seht, der Caspar hat zuviele Bäume geschlagen, hat Brennholz gesammelt, wo es verboten, Ihr müßt ihn bestrafen.« Und da Caspar seine Unschuld nicht beweisen konnte, geschah das dann auch.

Schließlich versetzte der böse Bruder des Nachts seine Grenzsteine. Und als dies beim nächsten Schnatgang bemerkt wurde, bezichtigte er wiederum den armen Caspar. Der hatte dann wenig Freude an dem der Feldbesichtigung folgenden allgemeinem Fest, bei dem es Speis und Trank gar reichlich gab, und Spiel und Tanz nicht fehlten. War in ihm doch die Furcht aufgestiegen, seines Besitzes verlustig zu werden, auf daß er sich als Pfahlbürger eine neue Bleibe in der Feldmark schaffen müsse.

Nun ging aber alleweil im Dorfe das Gerücht um, unter der Lauseiche sei ein Schatz vergraben. Die Habgier aber habe zwei Brüder im Kampfe darum ins Verderben gestürzt. Vor Zeiten dann sei ein Weber aus Bielefeld daran gegangen, das verborgene blauleuchtende Zaubergold zu gewinnen. Vergebens! Und nun sollte wiederum die Lauseiche für zwei Brüder zum Schicksal werden. Denn als der Hubert von dem Geschwätz im Dorfe hörte, hatte er nichts anderes mehr im Sinne, als den Schatz zu heben. Nicht wissend, daß der Ostervollmond die rechte Zeit sei, wählte er die nächste Neumondnacht, auf daß in der Finsternis ihn niemand sähe. Also schlich er sich mit einem großen Spaten an die Lauseiche heran. Nun hatte aber ein Wiedehopf in der Krone des Baumes sein Nest gebaut und drei junge Vögelchen hockten darin. Als die es nun unter sich knacken und knistern hörten, wähnten sie sich in großer Gefahr, drehten ihre Hinterteilchen gen Hubert und schossen aus ihren Bürzeln einen so übelriechenden Saft, daß der damit Bekleckerte weglief und sich sieben Tage lang mit heißem Wasser und einer scharfen Wurzelbürste schruppte und den Gestank doch nicht los wurde.

Aber als es wieder Neumond war, versuchte er es zum zweiten Mal. Diesmal hatte er neben dem Spaten noch eine lange Eisenstange mitgenommen. Mit dieser zerstörte er erst das Nest und erschlug dann die Tiere. Da kam auf einmal ein Gewitter auf. Es grollte und donnerte gar fürchterlich, und plötzlich schlug der Blitz in die lange Stange, und Hubert lag sieben Wochen wie gelähmt darnieder.

Doch die Habgier trieb ihn, es ein drittes Mal zu versuchen. Dieses Mal wollte er ganz schlau sein und zu erwartendes Mißgeschick auf Caspar lenken. So sprach er mit falscher Zunge zu diesem: »Höre, deine Ziege hat sich verirrt, sie ist bei der Lauseiche in einen Graben gefallen und hat sich verletzt. Komm, wir wollen sie ausgraben.« Doch wie sie an dem alten Baum zu graben anfingen, da taten sich auf einaml die Wurzeln auseinander, und ein tiefes, tiefes Loch klaffte auf. Hubert wähnte sich schon am Ziel seiner Wünsche. Er stieg hinab. Da tat sich das Loch wieder zu und Hubert wurde nie wieder gesehen! Auch er war ein Opfer seiner Habgier geworden.

Der Richter gab den nun verwaisten Hof dem Caspar zu eigen. Der bewirtschaftete ihn gut und segensreich und wurde ein angesehener Mann.

Unter der Lauseiche aber hört man, wenn es Neumond ist, ein grausiges Stöhnen und Fluchen: »Huhhhhhh, huhhhh, laßt mich hier raus!!!«

Von einem, der wünschte, ein Richter zu sein

In der Burgstraße

Es war einmal ein braver Schuster namens Eduard. Der lebte mit seiner Frau und neun Kindern in einem der schiefen Häuschen unterhalb des Berges an der Burgstraße. In einer Dachkammer hatte noch Muhme Else ihre Bleibe. Diese war in trüben Winterabenden nicht nur die beste Märchenerzählerin, sie konnte auch den leckersten Wurstebrei zubereiten. In der anderen Kammer hauste der lahme Fritz, der dem Schuster zur Hand ging. Hinten, im Hofwinkel, in der schummerigen Werkstatt, flickte dieser die derben Stiefel der Bauern, er besohlte immer wieder die ausgetretenen Galoschen der Weiber, die sie anstelle der Alltags-Holzpantinen zum Kirchgang trugen. Aber er konnte auch kunstfertig den feinen Damen in der Stadt zierliche Schnürstiefeletten anpassen und den Jungfern glänzende Lackschühchen zum Tanz. Zu

41

diesem Behufe hatte er stets ein kleines Lager von geschmeidig zartem Leder in Schwarz und in Braun in der Lade, die sein ganzes Vermögen waren. Eines Nachts nun stieg ein unbekannter böser Geselle über den Zaun. Er brach Schloß und Lade auf und raubte des Schusters Vorrat. Erbost klagte dieser darob vor Gericht, auf daß man dem Bösewicht zur Strafe die Hand abschlage. Doch ach, dem Bestohlenem konnte nicht zu seinem Recht verholfen werden, denn der Dieb war unauffindbar. In seiner Verzweiflung beschimpfte der Schuster Schöffen und Richter: »Ihr unfähigen Simpel und Grafenknechte.«

Da klopfte der Richter:

»Zügelt Eure Zunge, Schuster!« Aber Eduard geiferte weiter: »Ihr sitzt auf Euren Hinterbacken und tut nichts anderes als ein bißchen in dikken Büchern herumzublättern und bekommt auch noch so viel Geld dafür, aber armen Leuten könnt Ihr nicht helfen. Wenn ich Richter wäre, käme die Welt in Ordnung!« Aber zunächst wurde Eduard zur Ordnung gerufen und mußte 30 Schillinge Strafe zahlen, weil er das Gericht beleidigt hatte.

In der nächsten Nacht wälzte er sich schlaflos im Bett. Da schien auf einmal weißer Nebel aus dem Boden zu steigen, und eine blinde Frau stand vor ihm mit einer Waage in der Hand: »Höre Schuster Eduard, du deuchst dich ein besserer Richter zu sein, nun, mögest du es beweisen! Drei Tage seien dir gewährt, doch achte auf die Last!« Und beim letzten Wort war die Erscheinung verschwunden.

Am nächsten Morgen fand sich Eduard, bekleidet mit einer feierlichen Robe und einem dicken Gesetzbuch in der Hand im Gerichtssaal wieder. Vor ihm saßen zwei Schwestern. Die Mutter war gestorben, und sie hatten das Erbe geteilt, so wie es im Gesetz geschrieben war, hatte das die Ältere getan, doch dann nicht die Jüngere wählen lassen, sondern als erste ihr Teil genommen und zwar den Pelz und die silberne Schale, während für die jüngere Schwester nur die eisernen Töpfe und das ungewebte Garn übrig blieben. Doch in ihrer Raffgier wollte sie nun die fällige Abgabe, die man Schoß nannte, nicht zahlen. Und als der Steuereinnehmer kam, versteckte sie den Pelz im Bett und beschmierte das wertvolle Silber mit Tonerde, auf daß es einem billigen, irdenen Gefäß gleiche. Nun sollte er, Eduard, den Betrug ahnden. Es fiel ihm schwer, denn es war ja seine Nachbarin.

Kaum saß er am nächsten Morgen wiederum im Gerichtssaal, da stürmte ein aufgeregter Bote herein: »Hört, hört, unser Bischof Wilhelm ist in Gefangenschaft des Heinrichs geraten, es werden 400 rheinische Gulden Lösegeld verlangt. Oh Richter, Ihr müßt die Bede einfordern, es ist Landesnot!« Die Bede nun war eine zusätzliche Steuer, die in Notfällen von den Bürgern aufgebracht werden mußte. Doch die Bürger murrten und schimpften laut, ob der zusätzlichen Belastung. Der Richter wurde ein verhaßter Mann, und er trug schwer an der Bürde seines Amtes.

Am folgenden Tag nun geschah es, daß August, Eduards jüngster Sohn, mit einem Freund durch den Wald längs der Burg streifte. August war ein kluges Kind und wollte in der Schule lesen und schreiben lernen. Im Wald nun sahen die beiden ein Eichhörnchen, und sie kamen darüber in Streit, und balgten sich. Dabei fiel der Freund so unglücklich, daß er sich schwer verletzte und an seinen Wunden verstarb. August war verzweifelt. Er flüchtete sich zunächst in den Waldhof, und dann ...wurde er von seinem eigenen Vater auf Befehl des Drosten des Landes verwiesen. Der Junge mußte in der Verbannung als Schweinehirt leben.

In der Nacht, die dem Unglückstag folgte, erschien wieder die blinde Frau. Sie stand vor einem zerbrochenem Mann. »Ich frage dich, Eduard, willst du weiter ein Richter sein?« »Oh, ich bitt' Euch, liebe Frau, nehmt die Last von mir.« Da raunte es durch den Nebel: »Schuster geh' zu deinen Leisten.« Am Morgen saß der Schuster wieder zufrieden in seiner Werkstatt und fertigte ein schönes Paar Kinderschuhe. Sein Sohn aber erhielt nach vielen Jahren in der Fremde vom Landesherrn, als dieser Bielefeld besuchte, die Erlaubnis, das Pferd des Herzogs am Zaum zu führen, und damit Verzeihung zu erlangen. Er kam zu seinen Eltern zurück und konnte nun endlich lesen und schreiben lernen.

Wenn ihr euch genau die Fassade des alten Landgerichts anschaut, dann steht über dem Eingang, in Stein gehauen, eine blinde Gestalt mit Schwert und Waage. Es ist Justitia, die Göttin der Gerechtigkeit.

Justitia
am Haupteingang zum alten Landgericht

Der Kranich

Eingebettet zwischen dem Hartlager Wäldchen und dem weiten Sieker-
feld lag ein trutziger, reicher Meyer-
Hof. Unweit davon hatte der junge Ede
seine Bleibe. Er wohnte in einem kleinen Kotten zusammen mit seinem
Vater, dem alten Ede. Der war vor
vielen Jahren aus dem Sächsischen zu-
gewandert und hatte sich, zu seinem
Schutze, aus freiwilliger Verknechtung in die Leibeigenschaft des Meyer-
Bauern begeben, selbgleichen sein rotschopfiger Sohn. Da nun der Alte
den schönen westfälischen Pickert stets nur als falschen Pfannkuchen
schmähte, nannten bald alle die beiden nur noch »die Pannekoke-Edes«.

Der Hof Meyer zu Ehlentrup

45

Der Vater diente dem Leibherrn sein Lebtag ehrlich und treu. Und als er hochbetagt gestorben war, hatte auch sein Sohn schon von Kindesbeinen an gehorsam und voller Achtung zu diesem gestanden. Jetzt nun schien es dem jungen Ede einsam in seinem Häuschen, und er war auf der Suche nach einem lieben Mädchen, das er zur Frau nehmen und mit ihr eine Familie gründen könne. Es währte nicht lange, und es entwickelte sich eine herzliche Zuneigung zu Grete, die als Großmagd beim benachbarten Meyer im Dienste stand.

Als diese eines Tages ihrem Liebsten anvertraute, daß in Bälde schon ein kleiner Ede zur Welt käme, ließ sich der werdende Vater vom Leibherren die Eheerlaubnis geben, zahlte an ihn die Heiratssteuer, den »Schürzenzins«, und bestimmte beim Pfarrer den nächsten Sonntag zum Hochzeitstag.

Ede und Grete wechselten ein schmales, goldenes Ringlein, und es wurde ein bescheidenes, aber fröhliches Fest, zu dem es für das Gesinde beider Höfe Spießbraten und einen Berg »Pikkert-Pfannkuchen« gab. Auch der Meyer hatte sich zu den Feiernden gesellt und tat es ihnen im ausgelassenen Umtriebe gleich. Doch nächtens war er so voll des süßen Weines, daß er die liebreizende Braut an sich zog, sie herzte und küßte und gar nicht von ihr lassen wollte.

Darauf ergrimmte der sich verhöhnt fühlende Ede so sehr, daß er die Hand wider seinen Herrn erhob. An Kopf und Nase blutig taumelte dieser über einen Zuber, stolperte und fiel so unglücklich, daß er sich das Bein zerbrach und ein Knochen daraus hervorstach, welcher aus 12 Fuß Entfernung an einen Schild geworfen, diesen ertönen gemacht hätte.

Da nun der Ede eine Buße nicht zahlen konnte, der Meyer – zutiefst in seinem Stolze getroffen – eine solche auch gar nicht annehmen wollte und also in geifernder Wut schrie: »Du Elender, du wagst es, die Hand gegen deinen Herrn zu erheben, sei gewiß, für diese ›Wrogetat‹ bringe ich dich vors Vehmegericht.«

Schon im Morgengrauen des Folgetages schickte er zum Freischöffen und erstattete Anzeige gegen den Ede. Die Freischöffen waren auserwählte Männer, die in die Geheimnisse der Vehme eingeweiht und bei der roten Erde Westfalens geschworen hatten, dieses Wissen vor Weib und Kind, vor Sand und Wind geheim zu halten. So wurde Ede nicht vor das landesherrliche Gericht, sondern vor das »heimliche Ding« geladen, wo die Freigrafen im ganzen Lande nach Königsbann richteten. Auf dem Platz in Heepen versammelten sich die »Wissenden« und verhängten über Ede die Acht. Er war vogelfrei! Seine junge Frau war so in der Hochzeitsnacht zur Witwe geworden und sein ungeborener Sohn zum Waisenkind. Er verlor sein Häuschen und das wenige, mühsam Ersparte. Friedlos, aus dem Stadtfrieden ausgeschlossen, unstet als Waldläufer gehetzt, konnte er wie ein Wolf von jedermann bußlos verfolgt und getötet werden.

Wochenlang irrte Ede durch die Wälder des Teuto, verzweifelt und vor Hunger und Kälte zu Tode erschöpft, fiel er am Johannisberg nahe der Externsteine auf die Knie und rief:

Und sei ich nun – ach – schon vogelfrei
so möcht'ich frei wie ein Vogel gar
mich in die Lüfte heben.
Fliegen zu Sonne und Sternenschar
und der Erde Pein entschweben.

Ede wußte nicht, daß es ein Zauberkreis war, den er betreten hatte. Denn plötzlich fühlte er, wie sich seine Arme breiteten und ihm ein Paar mächtige, silbergraue Schwingen wuchsen. Sein Körper hatte sich in den eines stolzen Kranichs verwandelt, nur der Rotschopf war ihm verblieben, und am rechten Flügel steckte ein goldenes Ringlein. Da hörte er ein seltsames Geräusch wie von tausend Trompeten, und er sah am Himmel ein großes V. Es war Herbst, die Nächte schon kalt, und eine Reisegesellschaft seiner Artgenossen flog nach Süden in die Winterhei-

mat, nach Afrika, und eine drängende Stimme befahl Ede, sich dem
Zuge anzuschließen.

So war dieser sieben Monde lang so weit von der Heimat entfernt wie
die Nacht vom Tage und der Himmel von der Erde, und seine Sehnsucht
wurde riesengroß.

Grete hatte man derweil aus dem Kotten vertrieben, so daß sie mit ihrem
Bündel in der Hand und dem Kind im Bauch ins Armenhaus mußte, denn
keiner wollte die Frau eines Verfehmten bei sich aufnehmen. Ihren
geliebten Mann wähnte sie tot, und ein trauriges Leben begann.

Jahre vergingen. Wieder einmal war Frühjahr, und der Zug der Krani-
che ging nach Norden. Da ritt am Ufer des Baderbaches ein kleiner rot-
haariger Junge auf seinem Steckenpferd entlang. Er sah auf einmal im
dichten Schilf einen großen Vogel stehen. Der flog nicht auf beim
Nahen des Kindes, nein, es schien, als wolle er mit ihm sprechen. Doch
da hörte man einen anderen Jungen rufen: »Ede, komm schnell, mein
Ball ist ins Wasser gefallen!« Da lupfte das Tier mit seinem Schnabel
den Ball ans Ufer, breitete seine Flügel und flog davon. Der kleine Ede
aber bemerkte etwas Seltsames. Er lief zurück zu der armseligen Bude,
in der Grete mit anderen Armen zusammen hauste und berichtete auf-
geregt: »Mutter, denk dir, ich hab einen großen Vogel gesehen, der hatte
an seinem rechten Flügel einen ebenso goldenes Ringlein wie du an
deinem Finger.«

Da ging die Mutter am nächsten Tag zu der Stelle am Baderbachufer,
und wirklich, der Kranich war wieder da. Ganz langsam schritt er auf

Grete zu und legte seinen Kopf in ihren Schoß. Und beide wußten, daß sie einander wiedergefunden hatten. Den ganzen Sommer lang trafen sie sich an der Bachaue. Doch was würde werden, wenn der Herbst nahte, und die Stimme der Zugvögel wieder allmächtig wurde?

Wie gerne würde Ede wieder seine menschliche Gestalt annehmen. Doch nur wer durch fremde Magie sein Ich verloren hat, kann durch diese auch wieder erlöst werden. Wer jedoch sich aus eigenen Willen verwünschte, für den gibt es kein Zurück, er muß in dem selbst gewählten Körper bleiben sein Leben lang.

Der Meyer bereute im Laufe der Jahre sein aus Erregung und Rachsucht geborenes Handeln sehr. Er hatte seinen treuesten und besten Mann verloren. Das Alter hatte ihn ruhiger und weiser gemacht.

Eines Nachts nun, als der Bauer und sein Gesinde im tiefen Schlaf lagen und nur der Kranich im nahen Gehölze hockte, schlich sich heimlich ein Zündler ans Herrenhaus heran. Er legt die Lunte an die Deelentür und fachte davor ein Feuerchen an. Da, schon sprang der Funke über, und Öl, das er vorher vergossen hatte, floß als brennende Lache unter dem Tor her ins Haus. Durch das Knistern erwachte der Kranich und sah das Unheil kommen. Selbstvergessen flog er auf das Dach des Herren und trompetete so laut, daß alle Bewohner aufschreckten und sich retten konnten. Hoch schossen die Flammen bis zum Giebel. Als man am Morgen vor den verkohlten Trümmern stand, fand man die Überreste eines großen verbrannten Vogels und in der Asche ein goldenes Ringlein. Da kamen die Grete und ihr Söhnchen und weinten, und weinten drei Tage lang. Doch wie sich ihre Tränen mit der Asche mischten, fing diese an zu brodeln und plötzlich bildete sich daraus ein menschliches Wesen.

Ede hatte sein verwünschtes Leben für seinen Peiniger hingegeben und dadurch sein eigenes wiedergewonnen. Der Meyer stellte ihm einen Freibrief aus und bot ihm die Hand zur Freundschaft. Auf dem Gelände des zerstörten Hofes ist wieder ein neuer und schönerer errichtet worden.

Es ist der des Meyer zu Ehlentrup.

Und da, wo der alte Kotten der »Pannekoke-Edes« stand, ist heute die Kranichstraße, und ihr werdet es nicht glauben, dort wohnt tatsächlich eine Familie Pfannkuche. Ob das wohl die Urenkel vom Ede sind?

49

Die Heeper Gerichtsschöffen aber, bei deren Ableben man siebenmal die Totenglocke läuten mußte, damit sie die ewige Ruhe finden konnten, die sind den Bürgern bis heute als »Die Bösen Sieben« in Erinnerung geblieben.

Ein Kranichschwarm über Bielefeld auf dem Weg in den Süden

*Der zum Teil erweiterte Wallgraben vor
dem Nieder-Tor war der »Gosepohl«*

Die
Hündchen
der Frau von Stabenau

D er letzte Tag eines bitterkalten Februars war angebrochen. Die
Sonne hing bleich über den beiden Doppelzwiebeltürmen der Neustädter Kirche. Und in den Ulmenbäumen am Wall glitzerten die Reif-
kristalle. Da ging Frau von Stabenau mit ihren vier Kindern zum Gosepohl vor dem Niederntor. Konnte man hier im Sommer bis 80 Pfund
schwere Karpfen und Hechte fischen, so war er jetzt dick zugefroren,
und Eisvögel kreisten über ihm. Die Familie mischte sich unter das
muntere Völkchen, das sich auf dem Eise tummelte. Während die Klein-
ste, das Lenchen, noch recht stakelig auf den ungewohnten Kufen
stand, pardautz, platt auf den Bauch fiel und sich dabei von ihrem Mieder einen Perlmuttknopf abriß, glitt die Mutter in eleganten Bögen und
Schwüngen über die Eisfläche. Sie war die junge Witwe eines Beamten,
den man von Potsdam nach Bielefeld versetzt hatte, um hier die neue
Verwaltung nach der preußischen Städteordnung mit aufzubauen. Frau
von Stabenau gefiel die kleine Stadt an der Lutter, so daß sie auch nach

dem Tode ihres Mannes das schöne Haus in der Neustädter Straße weiter bewohnte. Die Bielefelder Bürger nun waren schon seit Ankunft der ausländischen, preußischen Familie mißtrauisch. Aber nun rümpften sie die Nase und schüttelten die Köpfe über so ein ganz und gar ungebührliches Benehmen.

Eine Frau von Stand ließ sich allenfalls mit dem Schlitten über das Eis schieben. Solcherart Kunststücke wie Bogenfahren waren überhaupt nur Kindern und Offizieren vorbehalten.

Doch die Frau von Stabenau in ihrem eleganten zobelverbrämten Jäckchen mit passendem Barett und kleinem Muff lachte nur darüber. Am Niederntor stand ein dick in Jacken und Schals vermummtes altes Weiblein, das einen heißen Trank aus Kräutern und Honig für drei Pfennig je Pott feilbot. In einer Hausnische aber saß eine Frau mit einem Kind. Ihre Haare waren pechschwarz und an einem Ohr trug sie einen großen goldenen Ring. Das Kind war in Lumpen gehüllt und starrte hohläugig auf das muntere Treiben am Gosepohl. Als die Frau von Stabenau das elende Wesen bemerkte, sagte sie spöttisch zu ihrem Sohn: »Schau einmal, die Kleine hat kurze, krumme Beine wie ein Dackel, und ihre Ohren gleichen denen eines Spitzes«. Und beide kicherten. Doch das hatte die Schwarze gehört.

In der Nacht schlich die sich durch eine angelehnte Hoftür ins Haus und raunte:

4 x 1 = viere
wandelt Euch in Tiere!
Sollt aus Pfützen saufen,
auf vier Beinen laufen,
mit dem Schwanze wedeln,
um Almosen betteln!
Auf den Tag nach sieben Jahr'
stehet an der Mutter Bahr',
letzttag Euch Erlösung bringe,
ihr die Totenglocke klinge!

Dann spritzte sie einen betäubenden Saft und stahl ein Kind aus seinem Bett. Als am nächsten Morgen die Mutter vergeblich nach ihrem Sohne rief und zu ihrem Schrecken die Schlafstelle leer fand, war sie in großer Sorge, und so beachtete sie nicht den Hund, der vor der Tür saß und wedelnd an ihr hochsprang. Als er nicht von ihr ablassen wollte, scheuchte sie ihn sogar mit einem Tritt fort.

Das Tier zog den Schwanz ein und schlich davon. Den ganzen Tag lang suchte die Frau ihren Ältesten, fragte alle Freunde und Nachbarn. Vergebens!

Als die nächste Nacht hereinbrach, nahm sich die Schwarze das zweite Kind. Die verzweifelte Mutter konnte sich den Verbleib nicht erklären. Als sie aber die Haustüre öffnete, saßen zu ihrer Verwunderung zwei Hunde davor.

Diesmal warf sie ihnen ein paar Knochen hin und sagte: »Lauft fort, hier ist doch kein Tierheim, marsch, zurück zu eurem Herrn.« Doch die beiden rührten sich nicht von der Stelle, und schließlich beachtete die Frau sie nicht weiter.

In der dritten Nacht nun beschloß sie zu wachen, um zu erfahren, warum ihre Kinder wegliefen. Doch im Morgengrauen waren ihr die Lider zugefallen. Darauf hatte die Schwarze nur gelauert. Eilig griff sie nun in zwei Bettchen. Doch in der Hast hatte sie zu wenig des Zaubergiftes verspritzt, das kleine Mädchen wehrte sich heftig und schrie. Und als die Mutter herbeigeeilt, fand sie nur noch ein schwarzes Büschel Haare und den goldenen Ohrring der Hexe. Denn, daß sie eine solche sei, wurde ihr gewiß, als sie drei Hunde des Morgens vor ihrer Türe hocken sah. Liebevoll nahm sie die Tiere nun ins Haus, wußte sie doch, daß es ihre armen Kinder waren.

Tiefe Trauer erfüllte sie. Da kam die jüngste Tochter: »Weine nicht, Mutter, ich will zur Hexe gehen und meine armen Geschwister zurückholen.« So machte sich Lenchen, die letzte ihrer Lieben, auf den Weg, das böse Weib zu suchen.

Sie fragte den Schutzmann: »Habt Ihr die schwarze Frau gesehen?« Doch der knurrte: »Wo ist denn deine Mama, bist du ausgerissen, warte, ich bringe dich gleich zurück.« Da lief sie los, streifte durch alle Straßen und Gassen, drückte sich in üble Kaschemmen hinein, fragte trunkene Männer und schlechte Weiber: »Habt Ihr die schwarze Frau gesehen?« Sie kletterte unter die Brücken und spähte in die Hinterhöfe. Aber nirgendwo konnte sie die Hexe entdecken. Schließlich wagte sie sich sogar in den finsteren Wald und hatte große Angst. Doch sie traf nur einen Hasen und ein Reh. Und auf ihre Frage: »Habt ihr die schwarze Frau gesehen?«, guckten sie die Tiere aus ihren großen Augen an und schüttelten die Köpfe.

Endlich war sie weit draußen vor der Stadt. Ihre wunden Füßchen konnten sie nicht mehr tragen. Da schlief sie am Rande einer Müllhalde ein. Als sie erwachte, lag sie auf einem Strohhaufen in der Ecke eines Zigeunerwagens. Vor ihr stand die Schwarze: »Ha, hab ich dich nun endlich auch, du Frettchen. Du sollst mir fortan zu Diensten sein.« Mit diesen Worten riß sie dem Mädchen das sammetene Mieder vom Leibe und heischte es an, das wollene Röckchen herzugeben. »Das soll jetzt meine Tochter haben, für dich ist das gut genug.« Und damit warf sie ihm ein paar Lumpen zu. Dann schickte sie Lenchen hinaus, damit sie betteln möge. »Lerne du nur, wie es ist, arm zu sein. Und wenn du nicht genau tust, was ich will, wirst du das Schicksal deiner Geschwister teilen.«

Am nächsten Tag befahl sie: »Los, gehe in euer Haus, und hole mir deiner Mutter Kleider, Hüte, Ketten und Ringe dazu. Ich will genau so fein sein wie sie. Aber laß dich ja nicht erwischen, du weißt, was sonst geschieht.« Und so schlich sich das arme Kind unbemerkt ins Elternhaus und stahl ihrer Mutter Kleider, Hüte und das Geschmeide, stopfte alles in einen großen Sack und schleppte es zur Hexe. Die tänzelte herum und gefiel sich sehr wohl. Sie nahm ihre krummbeinige Tochter und spazierte mit ihr durch die Stadt. Wie sie nun auch zum Gosepohl kam, stand da an ihrem Kohleöfchen die alte Frau mit ihrem heißen Trank. »Ei, wo hast du das Mieder her, es gehört der Tochter der Frau von Stabenau. Ich kenne es genau, sieh, da fehlt ein Knopf, ich habe ihn vor Tagen am Eisrand gefunden. Ihr Gesindel habt es sicherlich gestohlen.« Sie hielt das Zigeunerkind fest und rief die Polizei. Die schob die beiden Herausgeputzten in die von zwei Pferden gezogene »Grüne Minna«, und das bettelnde Lumpenkind nahmen sie gleich mit. Alle wurden des Landes verwiesen.

Inständig bat Lenchen: »Laßt mich doch heim zu meiner Mutter!« Aber die Hexe lachte nur: »Deine Mutter wird dich nie wieder sehen, wenn du deine menschliche Gestalt wieder erlangt haben wirst, hat sie die Augen für immer geschlossen.«

In ihrer Wut über die Entdeckung verwandelte sie nun auch das letzte Kind in einen Hund. Dann tat sie einen irren Schrei, der einem lauten Krächzen gleich kam, richtete das Zauberwasser gegen sich und ihre Tochter, und augenblicklich sah man zwei riesige Habichte sich in die Lüfte schwingen und in den Weiten des Winterhimmels entschwinden.

Vor der Haustür der Frau von Stabenau saß nun ein viertes Hündchen. Sie liebkoste und drückte das kleine Tier, das sich fest an sie kuschelte. Fortan lebte sie nur noch für ihre Hunde. All ihre Liebe und ihren Reichtum gab sie für die armen Geschöpfe. Kein Hochmut und kein Stolz war ihr mehr eigen. Und nie spottete sie wieder über den Makel eines anderen.

Jahr um Jahr verging. Schönheit und Jugend verblaßten, und die Nachbarn sahen in ihr nur ein schrulliges, ältliches Weib. Die seltsamen Tiere jedoch hockten den ganzen Tag in der ehemaligen Studierstube ihres Vaters. Sie schienen alle seine Bücher zu beschnüffeln. Konnten sie lesen?

Da endlich nahte das siebente Jahr und der Tag der Erlösung. Die Mutter war vor Sorgen und Gram seit längerer Zeit kränklich, und der Arzt hatte ihr nur noch eine kurze Frist gegeben. Mit letzter Kraft versorgte sie noch einmal ihre Lieben, dann legte sie sich nieder, ihres baldigen Endes bewußt.

Wieder graute ein bitterkalter Tag. Der 28. Februar. Und als die Sonne am eisigen Himmel aufging, standen plötzlich vier blühende, junge Menschen an ihrem Krankenbett. Und nun geschah das Wundersame!

Zwar waren auf den Tag genau sieben Jahre vergangen, so wie es der Fluch der Hexe gewollt, aber man befand sich in einem Schaltjahr, und so war der 28. nicht der letzte des Monats, es war ein Tag gewonnen. Und die Mutter wurde nicht in der Stunde der Wiedergeburt ihrer Kinder dahingerafft, sondern der Anblick ihrer Lieben ließ ihr Herz wieder kraftvoller schlagen und sie konnte genesen.

Ihre Kinder waren stattliche Männer und liebliche Jungfrauen geworden, und sie lebten nicht als tumpe Toren. Waren auch ihre Körper verwandelt gewesen, so hatten sie doch ihren menschlichen Geist behalten. Und so konnten sie wirklich aus den Büchern Wissen aufnehmen und sich bilden. Sie verbrachten noch viele glückliche Jahre gemeinsam mit ihrer Mutter. Als diese dann gestorben war, ließen sie als Erinnerung an die grausamste Zeit ihres Lebens an einer Arkadensäule am Hause in der Neustädter Straße vier kleine Hundeköpfe anbringen.

Der Pan

Die Bildhauer Seifert und Greiner schufen vor fast 100 Jahren den Pan, der in einer Muschel an der Wand des Opernhauses hockt.

Ganz versteckt in einer Ecke am Tempel der Musen, in dem die Hexen und Nymphen zu Hause sind, wo aus Bettelmädchen Königinnen werden, und wo eine Flöte Zauberkraft hat, da hockt er, zusammengekauert in einer Muschel, halb Gott, halb Bock, halb Herr im All, halb lähmender Schrecken, das Zwiegesicht, der Pan!

Was hat er in Bielefeld zu suchen; er, der doch im Dickicht der Haine, im geheimnisvollen Dunkel der Wälder sein Reich hat? Das will ich Euch erzählen.

Als vor fast 800 Jahren der Ravensberger Graf Hermann die Stadt Bielefeld gründete, da gab es nur wenig festen Boden, um darauf Häuser zu bauen. Wälder und Sümpfe rahmten den Paß durch den Osning. Es tummelten sich in den Gefilden die Nymphen, von der Lutterquelle kamen die Najaden, von den Bäumen die Dryaden, und zu ihnen gesellte sich Pan, der struppige Geselle mit Hörnern und Ziegenfüßen. Ihm ward verheißen, ganz Mensch zu werden, wenn er die Liebe einer schönen Frau gewinnen könne. Er hatte sich aus Schilfrohr eine Flöte gebaut und sie nach seiner Lieblingsnymphe »Syrinx« genannt. Mit ihr spielte er den Waldkindern im neblichen Morgengrauen zum Tanze auf. Wenn die verhüllenden Schleier sich hoben, schienen sich die Gestalten in Nichts aufzulösen, so daß kein menschliches Auge sie erblickte. Nur manchmal schaukelten im Wind noch liebliche Klänge nach. Am Mittag, wenn die Sonne am höchsten stand, sanken alle in tiefen Schlaf. Es war die Stunde des Pan.

Eines Tages nun, ritt Jutta, die Gemahlin des Grafen, zur Jagd mit dem Falken. Sie war das Bruderkind des großen Kaisers mit dem langen roten Barte. Doch ihr Haar war golden wie die Strahlen der Sonne. Sie trug es nicht verhüllt wie es Sitte, nein, ihre Locken wehten gelöst beim scharfen Galopp wie die Mähne ihres edlen Pferdes. So sah sie Pan, und er war voller Entzücken. Sein Herz entflammte in heißem Begehren, dieses prächtige Weib zu besitzen. Seine zarten Flötentöne klangen gar verlockend, und die junge Gräfin war neugierig, von wo die Zauberklänge herkämen. Sie verließ den gewohnten Pfad.

Da!! Plötzlich trat eine Gestalt aus dem Grün heraus und wollte nach ihr greifen. Jutta stieß bei dem unheimlichen Anblick einen schrillen Schrei aus, ihr Pferd bäumte sich hoch auf und stob dann in wilder Flucht... direkt in den Hagenbruch. Welch Entsetzen! Pferd und Reiterin sanken immer tiefer und tiefer in den schier grundlosen Sumpf, und wären nicht Knechte vom nahen Waldhof herbeigeeilt mit Stöcken und Stangen, sie hätte sich nicht befreien können.

Wenig später lernten die Bielefelder die Häuser auf Eichenpfähle zu gründen und so die Brüche zu besiedeln. Die Nymphen waren verschwunden und Jahrhunderte lang schien auch Pan vergessen.

Doch wieder begab es sich, daß ein junges Weib mit herrlichen goldenen Locken am Ufer der Lutter saß. Auch sie hieß Jutta und war die Tochter des Damm-Müllers, ein gar kluges Kind. Da erwachte in Pan wieder das Verlangen.

Weil nun diese Begegnung nicht ebenso im Schrecken enden sollte, nahm Pan die Gestalt eines schönen Jünglings an. Doch er hatte sich in seiner Ungeduld zu hastig verwandelt, und so verschwanden die Bockshörner am Kopfe nicht vollständig, es blieben kleine Spitzen zurück. Pan bedeckte sie mit einem kessen Barett, das er tief in die Stirne zog. Dann näherte er sich flötespielend dem Mädchen. Dies erfreute sich an den wohlklingenden Melodien. Und als der Musikant

es artig um ein Wiedersehen bat, willigte es errötend ein. So trafen sich beide viele Male. In Jutta keimte eine Liebe zu dem hübschen Mann auf.

Rathaus mit Stadttheater

Sie lachte über sein Mützchen, das er nie absetzte, doch er hatte ihr eindringlich verboten, es ihm jemals zu nehmen. Das erweckte ihre Neugierde. Und als sie nun ihre erste Nacht zusammen verbrachten, neckte Jutta: »Warum verbirgst du mir dein Haar, ich will es kraulen«, und sie lachte »oder hast du vielleicht eine Glatze?« Übermütig wollte sie nach dem Barett greifen. Verzweifelt rief Pan: »Tue es nicht, tue es nicht, es wird dich reuen!« Aber zu spät! Ausgelassen hüpfte sie, die Warnung verachtend, um ihn herum und riß es ihm das Barett vom Kopf.
Es gab einen grellen Blitz, ein gewaltiges Dröhnen rollte vom Osning heran, und augenblicklich stand Pan da in seiner Bocksgestalt, struppig und ruppig und mit riesigem Gehörn, dann verschluckte ihn der Wald! Jutta aber erstarrte, dann lief ein heftiges Zittern durch ihren Körper und bald bebte die ganze Erde. Von den Wänden fielen die Teller und Kannen, die Schornsteine stützten ein, und von der Pilgerherberge der

heiligen Gertrud im Hagenbruch bröckelten die Mauern. In Bielefeld tobte ein Erdbeben.

Der Damm-Müller hat seine Tochter dem Kloster gegeben. Pan blieb verschollen, bis er schließlich am Opernhaus wieder auftauchte. Wartet er noch immer auf ein Weib, das ihn erlöst?

1612 richtete ein Erdbeben großen Schaden in der Stadt an.

So ist es nun mal im Märchen, alle fangen an mit »Es war einmal«, und die Wölfe sind böse, die Könige haben liebliche Töchter, die Hexen hexen und die Bürgermeister sind brave Bürger. Auch diese Geschichte fängt an mit »Es war einmal«. Es war nämlich mal eine Zeit, da wähnten die Menschen, Märchen seien wahr. Sie glaubten, Männer könnten sich des Nachts in reißende Wölfe verwandeln und Hexen gäbe es wirklich, vom Bösen besessen und dem Satan untertänig. Und es gab

Die vernixte Hexe

Das Hexenbürgermeisterhaus in Lemgo

Kirchenfürsten und hohe Gerichte, die, diesem Glauben verfallen, über Unschuldige furchtbare Strafen verhängten. Es gab Bürgermeister und Schultheiße, die eifrig und willfährig den Herren zu Diensten waren. In diesen finsteren Zeiten lebte in der Nachbarschaft von Bielefeld, in Lemgo, ein solcher Mann. Am Rande des Städtchens nun, nahe der Hasenbrede, am Fuße des Windelsteins, hatte die Witwe Henriette ihren kleinen Kotten. Dort wohnte sie mit Amalie, ihrer Tochter, genannt das Malchen. Henriette hatte schon früh ihren Mann verloren. Ihm war beim Holzfahren das Pferd durchgegangen, ein Rad am Wagen zerbrochen und die herunterpolternden Stämme hatten ihm beide Beine zerschmettert. Gar kläglich mußte er am Wundfieber dahinsiechen. Voller Kummer hatte Henriette an seinem Sterbebett gewacht. Da schien es ihr plötzlich, als sei ein helles Leuchten im Raum und eine lautlose Stimme höbe an zu sprechen: »Henriette, siehst du, welche Pein es bringt hilflos zu harren. Gehe und mache dich kundig der Kräuter und Beeren des Waldes und Feldes, auf daß du helfen kannst, wenn man deiner bedarf in der Not.« Und so wurde Henriette zum Kräuterweiblein. Sie wußte bald Linderung zu geben bei allerlei Gebrechen. Habichtskraut gegen Zahnschmerzen, auf Wunden das Tausendgüldenkraut, Berberitze gegen Durchfall. Und war ein Mägdlein gar so mager und hatte die Bleichsucht, so gab sie einen Tee aus zwei Eßlöffeln Gänseblümchen und einem Eßlöffel Engelssüß. Sie mischte die passenden Kräuter in einem schweren eisernen Mörser, mit einem ebenso schweren eisernen Stösel zerrieb und zermahlte sie diese, bis sie fein waren wie Staub. Und gebunden in Öl und Schweineschmalz konnte man sie dann auch als Salbe auftragen.

Tochter Malchen nun war ein rechter Wirbelwind. Sie hatte seegrüne Augen und trug stets ein flatterndes grünes Röcklein. Und wenn ihre Mutter sagte: »Kind, nimm das blaue irdene Schüsselchen, und tue die Milch hinein, damit sie sotte«, nahm sie sicherlich das grüne und lachte dazu. Am liebsten verbrachte sie den ganzen Tag an einem winzig kleinen See, den die Bega bildete, schwamm im Sonnenschein und spielte mit den Fischen. Doch als sie älter wurde, unterwies die Witwe sie in der Kräuterkunde, und bald war sie nicht nur eine gelehrige Schülerin, sondern geschickter und wissender als die Mutter. Man rief sie, wenn ein Pferd den Rotz hatte. Sie half, als sich die kleine Marie am Kesselfeuer bös verbrannte, und sie wußte Rat, als dem Bauern Hinrichs die

Schwären nicht heilen wollten. Dem Bürgermeister aber war all dies Treiben ein Greuel. Schon hatte er andere Weibsbilder ins Haus befohlen und sie gefoltert, auf dem spanischen Bock gequält, mit Daumenschrauben gemartert, mit glühenden Eisen sie gesengt und mit spitzen Stangen gestochen. Die Schaftrude, die die Wünschelrute schlug, hatte er gestreckt bis ihr die Knochen brachen, und die kluge Else vom Lamkerhof, die den kreißenden Frauen half, und sogar ein Kindlein, welches verquer lag im Leibe, zu drehen vermochte, hatte er mit der Haspel gedreht. Sie alle hatte er der Hexerei bezichtet und gequält, auf daß sie diese gestehen mögen.

Die Heilung der Kücken

Als nun eines Tages die Glucken der Muhme Bertchen ihre Eier ausgebrütet und die Kücken alle am nächsten Tag schon am Pips verloren schienen, da rief der Knecht das Malchen. Die mischte feingehackte Brennesseln mit Dotter und Kleie ins Futter, tat eine alte Wolldecke in einen flachen Weidenkorb und setzte ihn mitsamt der kleinen, kranken Flaumkinder in die Ecke des Kanapees gleich neben den Küchenherd.

Und siehe, alle gediehen prächtig. Und als die ersten Hähnchen voller Stolz das Krähen übten, war Malchen glücklich.

Doch, da war noch der Knecht. Dieser war ein ungeschlachter Kerl, dumm und krumm, mit einer häßlichen, großen Nase im Gesicht. Lange schon hatte er gebuhlt um die Gunst des Mädchens. Doch dieses war dem Tölpel nicht gesonnen. Es hatte sein Herz im geheimen einem feschen Jägerburschen geschenkt. Da ging der Knecht zum Bürgermeister: »Höret, das Malchen ist eine Hexe, sie hat die Hühner verwünscht. Sie treibts mit dem Teufel, Ihr müßt sie holen!«

Als Henriette diese böse Verleumdung hörte, war sie voller Entsetzen und flehte: »Du, der du wohnest in den unsichtbaren Gefilden des Alls und Macht hast über jegliche Kreatur, seiest du der Erhabene oder der Gefallene, seiest Gott oder Teufel, ich bitte dich, gib mir einmal, ein einziges Mal nur Zauberkräfte. Ich führe nicht Arg im Sinne, ich flehe auch nicht für mich, meinem Töchterlein ihm dreuet der Tod. Ich vermags nicht zu wenden, wenn du mir nicht hilfst.«

Und wieder war da plötzlich das seltsame Leuchten, und sie vernahm ein Raunen:

Gehe zum See,
wende das Weh,
doch Angst und Graus
steht Dir ins Haus!

Das Mägdlein, das gerade wieder mit den Fischen spielte, sank in die Tiefe. Und siehe, welch Wunder, es schmolzen seine Schenkel zu einem, und sein Leib erschillerte in silbersmaragdenem Grün. Auf dem See erblühten tausend Rosen und zwischen ihnen tauchte ein schlankes Nixlein empor.

Als bei Sonnenaufgang die Henkersknechte ans Tor des Kotten pochten, um das beschuldigte Frauenzimmer zur Folter zu holen, da konnten sie das Kind nirgends finden. »Zerret mir die Alte her«, geiferte der Bürgermeister. »Jetzt ist der Beweis erbracht, daß auch sie eine Hexe. Wie sonst konnte sie die Metze verschwinden lassen.« Doch als man den Scheiterhaufen getürmt und die arme Frau darauf festgebunden, siehe, da geschah das zweite Wunder. Aus dem brennenden Leib stieg eine

Libelle empor, flog zum kleinen See und ließ sich auf einer Rose nieder. Auch sie schimmmerte in einem opalisierenden Lichtgrün. So waren Mutter und Tochter vereint. Einmal im Jahr, in der Walpurgisnacht, nehmen sie wieder ihre menschliche Gestalt an, sie halten sich in den Armen und weinen.

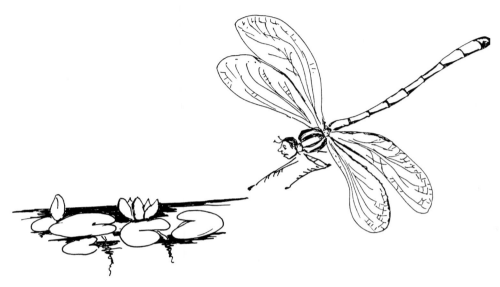

So sind in diesen finsteren Zeiten viele, viele Tausende von unschuldigen Frauen einem verblendten Irrglauben geopfert worden. Und mit ihnen ist wertvolles Wissen untergegangen. Henriettes alter Kotten ist längst verfallen. Das Rathaus am Markt, das man vor 500 Jahren baute, und in dessen Gerichtslauben die vielen Hexenprozesse stattfanden, das steht noch und auch das Haus, in dem der Bürgermeister wohnte, in der Breiten Straße, es ist eines der bedeutendsten Fachwerkbauten Deutschlands, und heißt das »Hexenbürgermeisterhaus«.

Zu bemerken ist, daß vor 300 Jahren auch in Heepen viele Hexenprozesse durchgeführt wurden. An der Lutter, unterhalb der Vogteibrücke, befand sich der Hexenrichtplatz. Hier wurden die Beschuldigten »gewippt« (getaucht). Das heißt, sie wurden mit zusammengebundenen Daumen und Zehen ins Wasser geworfen. Wer unterging, war unschuldig; wer nicht sofort versank, schien eine Hexe und wurde auf dem Scheiterhaufen verbrannt. Die letzte Hexenprobe fand 1727 an der Lutter statt.

Auf der Galgenheide an der Friedrichs- schanze wurde 1782 der letzte Verbrecher gehenkt

Das Winkelkind

Auf einem alten Meyerhof, weit vor den Toren der Stadt, da lebte einst der Jungbauer Gottfried. Der hübsche, blondlockige Bursche liebte das Leneken, die jüngste Tochter des Krämers. Doch der alte Meyer sah dies ohne Wohlgefallen. Er verlangte, daß sein Sohn ein standesgemäßes Weib nähme. »Ich werde keine Mißheirat dulden! Willst du, daß deine Kinder nicht deinen Namen tragen dürfen? Willst du, daß sie nicht deine Erben sein können? Soll der Hof verwaisen?

Die Meierei und das Freilichttheater »auf Olderdissen«, etwa 1928

Also vergiß das Mädchen.« Traurig trafen sich die beiden Liebenden ein letztesmal auf der Galgenheide. »Möge der Mond dich immer beschützen«, sagte Gottfried und schenkte seinem Leneken zum Abschied ein silbernes Kettchen mit einem feingeschliffenen Herz aus Mondstein. Weinend erwiderte diese: »Einst wirst du dies Pfand unserer Liebe wieder in deinen Händen halten«, und dann trennten sie sich.

Kurze Zeit später ehelichte Gottfried eine Person von Ebenburt. Aber gar bald bemerkte er, daß diese zwar hübschen Angesichts, jedoch im Herzen voller Ränke war, und sich der Zauberei bediente. Sie wußte, daß sie niemals Kinder gebären könne, ein Grund, die Heirat für ungültig zu erklären. Sie sann deshalb auf eine List, ihren Ehestand mit dem schönen jungen Mann zu erhalten.

So ließ sie eine Magd zu sich kommen und sprach: »Hör gut, was ich dir sage. Gehe ins Dorf, sperre Augen und Ohren auf, und mache dich kundig, wer von den Frauen gesegneten Leibes ist, ich will einer jeden beistehen, falls sie Not leidet, denn ich trage selbst ein Kind unter dem Herzen und fühle mich ihnen schwesterlich verbunden.« Zum Beweise ihres Umstandes stopfte sie sich alsbald dicke Kissen unter ihr Mieder.

Es war Leneken, die sieben Monde später ein goldlockiges Söhnchen zur Welt brachte. Auf diesen Tag hatte das schlaue Weib gewartet. Ihr Gemahl war mit Freunden zur Jagd, die Magd am Abend zu ihrer kranken Mutter gegangen, sie also allein. Da griff sie sich eine rollige Katze und sperrte sie ins Schlafgemach. Wie nun die Nachbarn die schrillen Liebesrufe des Tieres hörten, deuteten sie diese als das Geschrei eines Neugeborenen. »Höret, da ist ein lebendiges Kindlein zur Welt gekommen, es hat die vier Wände des Hauses beschrien, unsere Ohren sind Zeugen.« Eilig schlüpfte das Weib sodann mit Schürze und Haube in die Tracht einer Amme und schlich zum Leneken. Heimtückig umsorgte sie die junge Mutter und gab ihr, Fürsorge vortäuschend, einen Becher mit schwarzem Bier.

»Trinkt, Töchterchen, trinkt, es wird Euch gut tun und dem Knäblein die Milch versüßen.«

Doch sie hatte in den Trank 13 Tropfen Mohnsaft gemischt, so daß Leneken in einen Schlaf fiel und die Lider nicht wieder hob, ehe die Sonne dreimal hinter dem Osning versunken. Die falsche Amme packte das Kind, wickelte es in einen Umhang, schlich zurück in ihr Haus, legte es

in eine Wiege und sich
selbst ins Bett, als sei
sie eine Wöchnerin und
schlief, im Bewußtsein
ihres Sieges ein.

Es war aber der treue Hund des Krämers der Entführerin gefolgt und lag
nun laut winselnd vor der Kammertüre. Davon erwachte der Kleine und
fing an zu schreien. Die Magd, die zurückgekehrt, brachte ihn der Mutter, damit diese seinen Hunger stillen möge. Doch als sie ihn der Schlafenden anlegte, da bemerkte sie, daß aus deren Brüsten kein Tropfen
Milch quoll, und auch ihr Leib nicht von einer Geburt gezeichnet war.
Voller Bestürzung meldete sie dem heimkehrenden Herrn den Betrug. In
heftiger Wut und Enttäuschung schrie der: »Schafft mir den Bastard aus
den Augen, ich nehme ihn nicht in meine ›Were‹«, das heißt, er ver-
wehte dem Säugling die Aufnahme in sein Haus und befahl, ihn noch
vor dem neunten Tage auszusetzen.

Als Leneken aus ihrem tiefen Schlaf erwachte und sich ihres Kindes
beraubt sah, bat sie voller Verzweiflung alle, sie mögen in Haus und
Hof, in Wald und Feld auf die Suche gehen. Der Mond stand noch am
Himmel, als der Förster zur Pirsch aufbrach. Da sah dieser plötzlich, wie
durch das dichte Geäst ein bleicher Lichtstrahl auf ein halb vom Laub
verdecktes Bündel fiel, das neben einem winselnden Hund lag. So
konnte das Kind der glücklichen Mutter wieder unversehrt in die Arme
gelegt werden, und diese tat dem Kleinen die Mondkette um.

Als das Söhnchen kräftig genug und auch Leneken wieder rüstig, war für
sie in Bielefeld kein Bleibens mehr. Franz, ein braver Bäckergeselle warb

um sie, nahm sich auch des Kindes an, und bald erhielten beide den kirchlichen Segen. Da es nun aber verboten war, sich in den Dörfern der Grafschaft Ravenberg als Handwerker, ob Schuster, Schneider oder Bäcker, niederzulassen, zog die kleine Familie nach Werther, neben Halle und Borgholzhausen eines der drei Wigbolden, wo als Ausnahme genehmigt wurde, daß zwei Bäcker ihr Brot backen durften. Sie hatten ihr bescheidenes Auskommen, und schon bald sagte der Junge »Vater« zu Franz.

Gottfried erklärte sich aus der Ehe geschieden und jagte seine Frau davon. Diese war darob voller Rache. Als nach Jahresfrist ein neues Weib ins Haus eingezogen und dem Manne einen Sohn geschenkt hatte, trieb sie es wieder zur Tat. Winterszeit war's, und Mutter und Kind wurden von einem bösen Husten befallen. Da gab sie sich die Gestalt eines wohlkundigen Kräuterweibes und klopfte ans Tor. »Laßt mich ein, gute Frau, ich werde Euch ein heilendes Süppchen kochen.« Doch oh weh, was sie da auf die dampfende Brühe streute, sah aus wie Petersilie, doch es war keine solche. Es waren feingehackte Schierlingsblätter. Und schon am nächsten Tag läuteten für Mutter und Sohn die Totenglocken.

Viele Jahre vergingen. Gottfrieds Haar ergraute, und das Leben hatte ihm tiefe Furchen ins Gesicht geschrieben. Ihn plagte das Reißen in den Knochen, und sein Augenlicht ließ nach. Er war einsam. Da kamen eines Tages zwei Männer ans Tor. Der eine auch schon ergraut und gebückt, der andere in blühender Jugend. Es war Franz, der für Lenekens Sohn einen angesehenen und klugen Herrn suchte, in dessen Hut dieser für einige Zeit leben, Sitten und Bräuche lernen könne und ein

wehrhafter Mann werde. Der Meyer fand Gefallen an dem Jüngling und nahm ihn ahnungslos in seinen Hausstand auf.

Zur gleichen Zeit versuchte aber auch das unselige, verstoßene Weib, Gottfrieds Gunst erneut zu gewinnen. »Ei«, dachte sie, »müßte es doch mit dem Teufel zugehen, könnte ich den halbblinden Esel nicht doch noch einfangen.« Sie nahm alle ihre Hexenkünste zusammen und putzte sich, damit sie jung und verführerisch wirke, mit grellbunten Roben heraus, schnürte sich eine Schneppentaille und färbte sich Haare, Wangen und Lippen rot. Einer Circe gleich schmeichelte sie dem alternden Manne. Trachtete sie doch gierig nach dem Wittum, das Erbe, das ihr zufiele, könnte sie noch einmal Herrin im Haus werden, dieses könnte ihr zeitlebens den Nutzen am Besitz des Mannes geben. Auch wollte sie das Musteil erraffen, das würde bedeuten, daß die Hälfte aller im Hause vorhandenen Vorräte ihr eigen wären. Doch zuvor mußte sie sich des ihre Pläne störenden Jünglings entledigen. Ein heißer Tag neigte sich zum Abend. Die Ernte war fast eingebracht, und der volle Mond stand silbern über den Wipfeln.

Lenekens Sohn suchte in der Kühle der Nacht Erquickung. Wie immer zog es ihn zu seinem Lieblingsplatz an der Galgenheide. Die böse Frau jedoch war ihm nachgeschlichen, und wie er an dem Abgrund stand, an dessen Saum heute der Ostwestfalendamm läuft, sprang sie mit einem Wutschrei aus dem Gebüsch hervor und stieß den Verhaßten in die Tiefe. Doch der Schwung war so kräftig gewesen, daß sie mit heruntergerissen wurde. Mit zerschmettertem Kopf lag sie am Fuße des Berges. Den Jüngling aber hatten Dornenbüsche aufgefangen. So konnte er am nächsten Morgen – zwar zerschunden, aber lebend – geborgen werden. Als man dem Verletzten sodann die blutige Kleidung vom Körper schnitt, sah man an seinem Halse ein silbernes Kettchen mit einem Mondstein. Da verstand Gottfried plötzlich den Sinn der ihm damals wunderlich scheinenden Abschiedsworte seines Leneken. »Eines Tages wirst du dies Pfand unserer Liebe wieder in den Händen halten«, und er erkannte, daß es sein eigener Sohn war, den er aufgenommen hatte, sein Winkelkind!

Er scherte ihm das Haupthaar und reichte ihm zum Zeichen der Wehrhaftmachung feierlich die Waffen. Damit hatte er ihn als Vater in die vollen Rechte eines Sohnes eingesetzt.

Das böse Weib war seiner verdienten Strafe nicht entgangen. Zwar hatte sie ihre Schandtaten nicht am Galgen hängend verbüßt, wie es rechtens gewesen wäre, so hatte sie doch im Angesicht des Galgens ihr Leben ausgehaucht. Das Mondsteinkettchen wurde von Generation zu Generation weitervererbt. Man müßte mal herumfragen, wer in der Familie es heute besitzt.

Den Meyerhof und seinen gesamten Grundbesitz, der vom Kahlen Berg bis zum Johannesberg reichte und damals zur Gemeinde Quelle gehörte, kaufte 1906 die Stadt Bielefeld, um sich zu erweitern. Zunächst diente das Gelände als Sommerfrische, dann gab es auf den Wiesen ein Freilichttheater, und heute weiden dort die Hirsche und Rehe des Tierparks Olderdissen.

Im Reiche
der Chronossen

In der Obernstraße gibt es noch einige alte Häuser mit prächtigen
Türen, festgefügt aus starkem Holze und verziert mit den Wappen der
Familien. Eine solche findet man am Meinderschen Hof. Sie atmet
Fleiß, Wohlstand und Bürgerstolz.

Wenige Schritte gegenüber aber steht da seit 500 Jahren ein uraltes
Gebäude. Auch dieses hatte einstmals eine schöne Türe, aber ein Geheimnis wob sich um sie. Fragte man danach, so ging ein Raunen und Wis-
pern umher. Nannte man sie vormals doch die »porta inferna«, das so viel
heißen sollte wie »die Pforte zur Hölle«. Denn es war ein unheimlicher
Ort. Hörte man es hinter den Mauern nicht zischen und brodeln, und
blitzte nicht oft gelb-grünes Feuer durch die Fensterscheiben? Wer in der
Walpurgisnacht durch sie ins Haus hineinging, kam nie wieder heraus,
ward nie mehr gesehen, war verschwunden in geheimen Gängen. Und als
noch vor Jahren der Leierkastenmann durch die Stadt ging, sang er, wenn
er vor dem Haus stand, mit schauriger Stimme:

Obernstraße 5. Hier steht das älteste Haus Bielefelds. 1592 lautet die an der Fassade zu erkennende Zahl. Doch Experten vom Weserrenaissance-Museum datieren das Gebäude auf 1485!

*Dort unten in der Gossen
da hausen die Chronossen,
sie ziehen Dich hinab
lebendig in das Grab.
Drum Menschlein rat ich Dir,
geh' nicht durch diese Tür!*

Als nun im vorigen Jahr das alte Haus an einen Geschäftsmann ver- kauft wurde und der es von Grund auf umbauen wollte, da gruben die Arbeiter auch im Kellergewölbe und fanden da einen mächtigen, alten Kamin. Einer der Maurer, Paul, ein kräftiger, junger Geselle, hatte schon als kleiner Bub von den unheimlichen Gerüchten um diesen Ort gehört, und es trieb ihn die Neugier.

Es war die Nacht vor dem 1. Mai. Ob sich die Hexen schon rüsteten zum Ritt auf den Bocksberg? Die Türen waren gewalpert, das heißt, es hin- gen Birkenbüschel an ihnen, um die teuflischen Weiber abzuwehren. Also faßte der Geselle Mut, schlich um Mitternacht ins Haus und stieg in den Keller hinab. Doch kaum war der letzte Glockenschlag vom Alt- städter Kirchturm verklungen, da schienen unsichtbare Hände die schweren Steinblöcke neben dem Kamin zu verrücken. Ein enger Ein- stieg in einen langen, dunklen Gang öffnete sich, und es deuchte Paul, er werde hineingezogen und geschoben. Ein Gewirr unterirdischer Gänge breitete sich vor ihm aus. Plötzlich wurde ihm ganz sonderbar. Er spürte sich selbst nicht mehr. Da war nicht vor und zurück, nicht mehr rechts und links, nicht mehr oben und unten, er war dem Raume entrückt, war eingetaucht in die vierte Dimension. Die Chronossen, die Zeitgeister, hatten ihn in ihrem Banne.

Vorsichtig tastete er sich weiter in einem der finsteren, modrigen Gänge. Auf einmal meinte er, Stimmen zu hören. Ein Mann mit schwarzem Hut und weißer Armbinde stritt sich erregt mit einem Offizier um die Herausgabe von Koppeln und Seitengewehren für die Bürgerwehr. Man schrieb das Jahr 1830, und Paul befand sich unter dem Waldhof, der zu dieser Zeit als Zeughaus diente.

Ratten huschten um ihn herum und liefen quitschend auseinander, so daß auch er einen Schreckenslaut von sich gab. Sogleich entdeckten ihn die beiden Männer. Da er aber kein Soldat und auch kein Mann der Bürgerwehr war, hielten die beiden ihn für einen Aufrührer oder einen Spion und wollten ihn sogleich verhaften.

Doch plötzlich wurden sie umkreist von einer Schar Männer angetan mit braunen Kutten, die tief ins Gebet versunken waren. Vor beinahe 500 Jahren hatten Franziskanermönche den Waldhof als Domizil erkoren, um von da aus ein neues Kloster zu erbauen. Die Chronossen kicherten, sie hatten die Jahrhunderte schön durcheinandergebracht. Gerade wollten die Mönche den drei Männern Schaufeln in die Hand drücken, damit sie zum Lobe Gottes sich am Ausschachten der Grube für das Kloster beteiligten, da wirbelten die Zeitgeister noch einmal ihre Sanduhren kräftig durcheinander und ein tausendjähriger, wütender Bauer schrie: »Auf meinem Land wird nicht von Fremden herumgegraben!« Es war Theoderich, dem das ganze Feld um den Waldhof herum gehörte. Da kam Wilpurga, sein altes Mütterlein hinzu: »Tiedi, du hast nicht Weib noch Kind, stelle das Land unter den Schutz der Kirche. Du siehst, Feinde werden kommen, dir das deine zu entreißen. Lasse dir lieber jährlich ein Hemd, einen Schinken und ein Malter Käse für mich geben.«

Doch Tiedi schwang wie wild einen Knüppel. Paul wurde getroffen. Er wollte entfliehen, doch es gab keinen Rückweg, es gab ja die ganze Stadt Bielefeld noch nicht. Im Stürzen nun aber war er auf sein Funkgerät gefallen. Er hatte es vorsorglich in die Hosentasche gesteckt. So hörte sein Freund, wie Paul ein Amateurfunker, plötzlich aus dem Äther ertönen: »Hilfe, Hilfe, schlag mich nicht tot, ich will deinen Waldhof doch gar nicht rauben!« Er erkannte Pauls Stimme und alarmierte sofort die Polizei. Die rückten sogleich mit einer Streife an und durchsuchten Haus und Hof – vergebens. Die Bewohner waren brave Leute und empörten sich über den Polizeieinsatz. Auch der Keller schien völlig unverdächtig. Doch auf einmal meinten sie hinter einer Wand ein Stöhnen vernommen zu haben. Mit einer Spitzhacke rissen sie die Mauer auf und fanden zu ihrer größten Überraschung einen Gang und auf dem Boden einen Menschen liegen. Es war Paul. Ein loser Stein aus dem Gewölbe hatte ihn am Kopf verletzt, als er vom Kamin aus durch das Dunkel getappt war. Die Polizisten entdeckten auch eine Abzweigung, die direkt zur Sparrenburg führte, wahrscheinlich ein Fluchtweg der Grafen, oder umgekehrt, eine Möglichkeit für die Bürger, sich in der Burg in Sicherheit zu bringen.

Paul wurde ins Krankenhaus gefahren und versorgt. Aber seltsam, er war ja wirklich aus der Tür, durch die er hineingegangen war, nicht wieder herausgekommen. Sollten alte Sprüche doch nicht nur Märchen sein?

Heute führt eine moderne Glastüre ins Haus, und man kann in den unterirdischen Gewölben ein gutes Glas Wein trinken. Doch wer weiß, vielleicht fühlt sich so manch einer nach dem Genuß desselben auch dem Raume und der Zeit entrückt. Oder er sieht grünes Feuer wie damals, als Dr. August Oetker in diesen Gemäuern das Backpulver erfand.

Der Waldhof, die Keimzelle Bielefelds

Das Alabasterkind

Gleich hinter dem Waldhof, in der alten Brinkstraße, wohnte einst ein armer Gewandschneider. Sein Weib hatte ihm vier Knaben geschenkt, denen er inniglich zugetan war. Doch dann kam das fünfte Kind auf die Welt, ein kleines Mädchen, und die Frau lag im Fieber. Nicht die Liebe des Mannes und nicht die Kunst des alten Doktors konnten sie retten. Mit der Mutter siechte das Kindlein dahin, so daß man es, in deren Armen gebettet, zu Grabe tragen mußte.

Voller Kummer mühte sich der Mann wohl ein Jahr, sein Handwerk zu verrichten und seine Kinder zu versorgen. Oft saß er nächtens über einem Gehrock oder einer Pelerine, während das Jüngste nach Milch schrie, und des Tags war keine Muße noch Weile, das kleine Haus zu bestellen.

So gebot ihm die Not, sich ein neues Weib zu wählen. Er freite eine junge Person, die ein hübsches Gesicht hatte und ein kleines Mädchen mitbrachte, die Frucht einer leichtlebigen Stunde. Gar bald merkte der Vater, daß die neue Frau ihre eigene Tochter verwöhnte mit Liebkosungen und Leckereien, die Stiefsöhne aber elendlich darben ließ und sie gar häufig schalt und schlug. Schließlich jagte sie die Kinder eines Tages vor die Tür und herrschte sie an zu betteln, damit sie der hungrigen Mäuler ledig werde.

So streiften sie schüchtern durch die Gassen und versteckten sich schließlich in einem Winkel, den man »in dem Sacke« nannte. Als sie abends hungrig und mit leeren Händen nach Hause kamen, schimpfte die Stiefmutter sie Nichtsnutze: »Gewiß habt ihr euch mit Zuckersachen vollgestopft, die ihr vom Bettelgeld gekauft habt, dann braucht ihr ja wohl kein Abendbrot mehr, geht mir aus den Augen.«

Am nächsten Tag nun hatten ihnen einige Frauen mitleidig ein Almosen geschenkt. Doch da kam eine Horde junger Stadtstreicher, verprügelten die Kinder und raubten ihnen die paar Pfennige, und zuhause wurden sie wieder mit Schlägen empfangen.

Es war ein bitterkalter Wintertag als man die Kleinen nur mit einem geflickten, dünnen Fräckchen am Leibe bei der Mühle am Damme hokken sah. Mit einer Hand hielten sie am Kopfe ihre Pudelmützen fest, die ihnen noch ihre gute Mutter gestrickt hatte, für jeden ein anderes Bommelchen oben auf, ein rotes und grünes, ein blaues und gelbes, die andere Hand streckten sie zögernd den Vorbeieilenden entgegen.

Gerade hatten die beiden Bettelvögte die Brunnen am Hagenbruch vom Eise befreit, damit sie nicht überlaufen und die Straßen in Rutschbahnen verwandeln möchten, da kamen zwei Ratsherren vorbei. Im Rathaus war neben der Regelung, wie man Spielleute, Bratenwender, Bierzapfer, Schüsselwäscherinnen und andere Hilfspersonen bei Festlichkeiten reicher Bürger entlohnen solle, noch beschlossen worden, daß man die Armen aus den Meßeinnahmen der Gotteshäuser unterstützen solle. Die Eltern aber, die ihre Kinder zum Betteln schickten, wolle man hart bestrafen.

So wurden die Jungen sogleich vom Büttel aufgegriffen und ins Waisenhaus gesteckt. Der Vater mußte ins Gefängnis und dort Zwangsarbeit leisten. Die böse Stiefmutter aber raffte alles zusammen, was im Hause noch Wert hatte, und machte sich mit ihrer dicken Tochter auf und davon.

Da saßen nun die armen Kleinen in den düsteren Gemäuern des Grestschen Hofes und weinten: »Ach könnten wir doch bei unserer guten Mutter sein!« Den beiden Größeren hatte die Hüterin ein Knäuel harter Wolle gegeben und sie das Stricken gelehrt. Sollten sie doch Strümpfe für die Soldaten daraus fertigen. Aber ihre Tränen netzten das Garn, so daß es an den Nadeln klebte und ihre

kleinen Finger steif und klamm wurden. So weinten sie sich endlich in den Schlaf.

Auf einmal war da ein wunderliches Sirren in der Luft. Dann erfüllte eine liebliche Melodie den ganzen Raum und vom Himmel fiel ein silberner Stern. Er rollte als funkelnde Kugel über die Hügel des Osning,

durch die engen Gassen der Altstadt bis hin vor die Füße der Kinder. Mit einem leisen Zischen verglühte die Kugel, und es stand da ein Kind! Das hatte ein langes weißes Hemdchen an, und sein ganzer Körper war alabasterweiß. Furchtsam blickten acht aufgerissene Augen auf die seltsame Gestalt, die mit weißen, leeren Augen den Blick zu erwidern schien. »Sag an, wer bist du, wo kommst du her, was willst du von uns?« Da antwortete das Wesen: »Man nennt mich ›Salvator‹, das Alabasterkind. Ich komme aus einer anderen Welt, in der es nur Frieden und Eintracht gibt und keine Sorgen und keine Nöte. Dort schläft eure Mutter einen langen Schlaf. Wenn sie erwacht, wird sie euch erwarten, um mit euch zu spielen und sich mit euch zu freuen. Ich zeige euch den Weg der Erlösung.« Dann winkte Salvator einem Kind nach dem anderen durch den langen, schwarzen Tunnel in die Ewigkeit zu gehen.

Man begrub die vier kleinen Körper auf dem Nikolaifriedhof neben der Mutter und dem Schwesterchen. Noch heute ist das Grab auf dem alten Friedhof hinter dem Jahnplatz zu sehen. Man nennt es das »Vierlingsgrab«. Wie kleine Engel liegen vier alabasterfarbene Leiber eng beieinander, mit Gänseblümchen bewachsen und mit Efeu überwuchert auf der Grabstätte. In den frühesten Morgenstunden, wenn die Sonne den Himmel purpurn färbt, wenn die Vögel erwachen und zu singen anfangen, kann man vier kleine Finken auf den Steinen sitzen sehen. Alle sind schlohweiß, nur am Kopf hat jeder ein buntes Federchen, ein rotes und grünes, ein blaues und gelbes.

Der auf Betreiben Napoleons – damals außerhalb der Stadt – angelegte Alte Friedhof ist die Ruhestätte manch berühmten Bielefelders. So wurden die Herren Bozi und Crüwell, die Opernsängerin Marie Crüwell, Rudolf Rempel, die Bürgermeister Delius und Körner und noch viele andere hier zu Grabe getragen.

Eines der bekanntesten Gräber auf dem Alten Friedhof ist das sogenannte Vierlingsgrab in der Nähe des Ausgangs Körnerstraße.

Der Mohr
von Enger

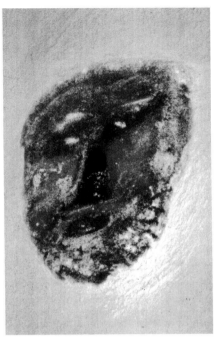

Es war einmal vor mehr als tausend Jahren, da lebte hier in unseren Landen ein tapferes, frommes Volk, die Niedersachsen. Sie hatten für ihre Götter keine Tempel gebaut wie die Völker im Süden. Ihnen war die Natur heilig, die Haine und die Wälder. Sie glaubten, daß ein Urwesen, der Riese Ymir, die Welt erschaffen habe, sein Leib das Land und sein Blut die Meere gebar. Aus seinen Augenbrauen seien die Gedanken entsprungen, sich fortwährend vermehrend und verwandelnd. Sein Herz sei zerschnitten in zwei Hälften, die eine berge die Liebe, die andere den Haß. Mit seinen Händen jedoch habe er die Menschen geformt, und die Sonne ihnen das Leben eingehaucht. Über sie herrschten die Götter, die Mann und Weib zugleich waren, und die Achtung und Gehorsam forderten. Am Ende aller Tage würde die Götterdämmerung hereinbrechen und die ganze Welt mit allem Leben vernichten.

So glaubte das Volk, und so glaubte auch ein mächtiger Edler, den man den König der Angrivarier nannte oder den Herzog der 12 sächsischen Großen. Sein Name war Widukind, »der aus dem Walde«.

Als das Knäblein geboren wurde, erschien der Mutter eine Norne und raunte:

Einst wird nach blut'gem Ringen
er seinen Nacken beugen
wird anderers Lobes singen
wird anderer Zunge zeugen.
Und ist sein Wegs am Ende,
steht vor dem großen Tor,
baut ihm die letzten Wände
ein alter, schwarzer Mohr.

Die besorgte Herzogin ließ zugleich im Hain an der heiligen Eiche einen
jungen Eber opfern und schickte ihre Mannen aus, ringsum im ganzen
Lande zu forschen nach einem schwarzen Mohr. Doch keiner von den
Edlen, und keiner von den Bauern hatte je einen solchen gesehen.
Als Widukind nun jung und stark dem Kindesalter entwachsen und
im Gebrauch der Waffen aufs Trefflichste geübt war, schlug er mit
Gleichsinnten blutige Schlachten für sein Land und für seinen Glauben.
Wollte sein Gegner, der große Karl, ihm diesen doch mit Gewalt nehmen
oder sein ganzes Volk ausrotten. Viertausenden und fünfhundert seiner
Gefolgsleute ließ er das Haupt abschlagen. Dann drang er ein in den
Hain und stürzte die heilige Säule des Irmin um.
Da tat sich der Himmel auf, und ein mächtiges
Unwetter brach los. In Blitz und Donner er-
schien Thor und sprach: »Widukind, beuge dich,
und rette
dein Volk.«

Stiftskirche in Enger

Und so geschah es, daß sich der stolze Herzog taufen ließ. Um zu beweisen, daß er nun ein gläubiger Christ sei, befahl er, im ganzen Lande Kirchen zu errichten und verkündete, daß er in dem Gotteshaus, welches als erstes vollendet sei, dereinst begraben werden wolle.

Ein regelrechter Wettstreit hub an. Die besten Baumeister des Landes wurden gesucht. Doch der eine war zu langsam, der andere zu flüchtig, der dritte zu teuer. So war die Wahl schwer. Die Bürger von Enger beauftragten endlich einen alten Gesellen, der zauberkundig mit dem Teufel im Bunde stand. Von Stund an wurde tags und nachts bei lautem Gesang, Trompetengeschmetter und rhythmischem Lautenschlagen gebaut. Und welch Wunder, die fertig vermessenen und behauenen Quadersteine wurden in einer tiefen Kuhle gefunden, und man brauchte sie nur aufzulesen. In Windeseile ging der Bau voran. Dem Teufel aber gefiel es gar nicht, daß ein Christ seine letzte Ruhe in diesen Mauern finden solle. So ließ er zwar jeweils zur mitternächtlichen Stunde den eben errichteten Turm wieder einstürzen, aber auch ohne diesen war die Stiftskirche in Enger als erste vollendet.

Widukinds Grabplatte in Enger

Widukind konnte im Chor des Gotteshauses beigesetzt werden. Die Kirchentüre, durch die der Sarg hereingetragen, wurde für alle Zeiten zugemauert, damit der Teufel keine Macht über den Toten habe. Die Mauersteine aber sollen heilende Kräfte haben, und gläubige Kranke kratzen daran, um Genesung zu finden. Der Berg, an dem man die Steine aufgelesen hat, heißt seitdem der »Liesberg«. Der alte Geselle aber, der seinen Turm nicht hat bauen können, hat sich dieses Versagens wegen so schwarz geärgert, daß er über Nacht zum Mohr wurde. Man kann ihn leibhaftig sehen. Sein Standbild war fest gemauert an der Ostwand neben dem Chor. Heute kann man seinen Kopf im Inneren der Kirche sehen.

Schlußstein mit Johannesschüssel der neuen Stiftskirche, die zu Beginn des 14. Jahrhunderts fertig geworden sein dürfte.

Das Wunder
des Schlußsteines

Im Weithof, nahe der alten Windmühle, lebte einst ein junger Bauer. Seine Mutter war früh verstorben, der Vater alt und gebrechlich, und auch Emma, die Magd, die die kleine Wirtschaft versorgte, war schon gebeugt von der Last der Jahre.

In Schildesche nun gab es einen reichen Meyerbauern, für den der Alte vom Weithof hin und wieder Fahrdienste leisten mußte. Selbiger hatte eine Tochter, die mit Martin, dem Weithofsohn, von Kindesbeinen an gut Freund war. Beide lebten brav und gottesfürchtig, und als sie ins rechte Alter kamen, versprachen sie sich einander.

Es währte nur noch zwei Winter, da tat Martins Vater seinen letzten Atemzug, und auch Emma war am Ende ihrer Kräfte. So ging Martin zum Meyerbauern und bat ihn um die Hand seiner Tochter.

Doch der hatte sein Kind einem noblen Herren zugesagt, der die schöne Jungfer heftig begehrte und ihm, dem Vater, großen Reichtum versprach. Er wußte nicht, daß es der Teufel war, mit dem er einen Pakt geschlossen hatte. So sagte er zu Martin: »Wisse, es gibt noch einen zweiten Bewerber, messe dich mit ihm, und beweise, daß du Kraft und Mut hast. Ich will keinen Schwächling zum Eidam. Nur wenn du bestehst, wirst du den Weg zu meiner Tochter finden. Versagst du kläglich, so wird sie für dich verloren sein.« Im Geheimen aber dachte er. »Der feine Freier wird's schon richten, und ich werde unermeßlich reich werden.« Dann ließ er seine Tochter in einen alten Hühnerstall einsperren und ihn rundum von Knechten und Hunden bewachen.

Traurig ging Martin zurück in sein verödetes Vaterhaus. In der Nacht nun hatte er einen seltsamen Traum. Der dunkle Himmel schien sich wie ein samtener Vorhang aufzutun, und auf einer Sternschnuppe schwebte eine flache Schüssel herab. Darin lag das abgeschlagene Haupt eines bärtigen Mannes. Die Augen schauten gütig auf den Schlafenden, und der Mund fing an zu sprechen: »Siehe, sie haben meinen Leib zerstört, er ward geopfert für einen Tanz, doch mein Wort ist ewig geblieben. Sei fest im Glauben und vertraue dir selbst, so wirst du furchtlos und stark sein und alles Unbill besiegen.« Dann tat sich der Himmel wieder zu, und es herrschte die Dunkelheit.

Am Morgen packte Martin sein Ränzel und zog mit dem vom Vater ererbten »Heergewäte«, also dem besten Pferd, dem Eisenhut und dem Schwert aus, seine Braut zu gewinnen. Wie er an die Gabelung vom Jöllenbecker Mühlenbach mit dem Weg nach Schildesche kam, sah er am Wiesenrain drei Hasen sitzen. Seltsam, die Tiere ergriffen beim Näherkommen nicht hakenschlagend die Flucht, sondern hoppelten, ihn eskortierend, nebenher. So erreichten sie den kleinen Weiher in Belzen.

Da krochen auf einmal die Nebelweiber aus dem Boden, schwangen ihre grauen Schleier, mit deren sieben eine jede umhüllt war, und trachteten Roß und Reiter zu verschlingen. Martin kam in große Not. Als wäre er blind und gebunden wußte er nicht mehr des Weges und taumelte wie trunken umher. Schon meinte er den heißen Atem des hier hausenden Belznickels im Nacken zu spüren, der ihn mit seinem mächtigen Prügel bedrohe. Da hörte er plötzlich, wie der erste Hase anhub zu sprechen: »Höre Martin, nimm dein Schwert und zerschlage die Fesseln.« Und siehe, der scharfe Stahl zerfetzte die lähmenden Schleier, und die darob nun nackten Nebelweiber zerplatzten wie Seifenblasen in der klaren Luft. Der Teufel hatte die erste Schlacht verloren.

Im ruhigen Trab setzte Martin seinen Weg fort. So kam das Gehölz der Twacht in Sicht. Da brach plötzlich ein gar gewaltiger Sturm los. Die jungen Bäume knickten um wie Strohhalme, und das Laub wühlte auf. Doch seltsam, das Unwetter kreiste nur um ihn herum, wenige Meter entfernt herrschte Stille und Frieden. Würde er Glauben finden, oder zerrte man ihn vor den Bauernrichter, ihn des Waldfrevels zu bezichtigen? Jetzt wurden gar mächtige alte Buchen entwurzelt und wirbelten durch die Luft. Voller Entsetzen glaubte Martin erschlagen zu werden. Da hörte er den zweiten Hasen rufen: »Bedecke dein Haupt mit dem Eisenhut!« Kaum hatte Martin dies befolgt, da wuchs der Helm zu einem stählernen Schirm, der Mensch und Tier beschützte. Und so augenblicklich, wie der wilde Spuk begonnen, war er vorbei.

Nur ein kleiner Hase noch begleitete Martin. Der Weg wurde krumm, und der Moorbach machte den Boden siekig. Da holte der Teufel zum letzten Schlag aus, den Nebenbuhler zu vernichten.

Schon sah Martin in der Ferne den hohen Turm der Stiftskirche, da fing die Erde an zu beben. Ein schauriges Grollen kroch durch die Luft, und selbst die Steine schienen zu klagen. Plötzlich barst der Boden. Ein abgrundtiefer Riß tat sich auf, wohl an die zehn Meter breit, und stinkende gelbe Schwaden quollen daraus hervor. Hilflos starrte Martin in das Inferno. Er war in großer Angst, sah er doch keinen Weg, sein Ziel zu erreichen. Sollte ihm sein Mädchen verloren sein? Da drang ein Schrei an sein Ohr: »Spring Martin, spring!« Der letzte Hase hatte seinen Rat gegeben und ward dann von der Tiefe verschlungen. Mit dem Mut der Verzweiflung gab Martin seinem edlen Pferd die Sporen, und in einem unglaubmächtigen Satz flog das Tier über den riesigen Erdriß bis hin vor das Portal der Kirche.

Demütig trat Martin ein. Sein Blick ging empor, dahin, wo sich die Rippen des gotischen Gewölbes im Schlußstein trafen, und er erkannte dort das Bild des Mannes, der ihm im Traum erschienen. Es war Johannes der Täufer, der Wegbereiter Jesus, Schutzpatron der Kirche und Helfer aller Bedrängten. Er schien ihm zuzublinken und nach unter zu schauen. Als Martin seinem Blick folgte, sah er seine geliebte Braut betend in der Kirchbank knien. Mit dem rettenden Sprung des Pferdes war auch die Tür ihres Gefängnisses aufgesprungen, und sie war ins Gotteshaus geeilt, um zu danken.

Der Teufel aber, der sich um seinen Lohn betrogen sah, tobte. Er schickte einen Blitz in das Dach des Meierhofes, so daß er bis auf die Grundmauern abbrannte, und mit einem schweren Hagelschlag zerstörte er die Ernte. Das junge Paar nahm den gebrochenen Alten auf. Wißt Ihr denn auch, welchen Weg Martin gegangen, als ihn die hilfreichen Hasen beschützten? Natürlich, den »Hasenpatt«!

Von einem Epigonen Schinkels entworfen
wurde der Pavillon im Nordpark

Caecilie

In alten Zeiten hatte Bielefeld nicht nur um die enge Innenstadt eine feste Mauer mit streng bewachten Toren, Zugbrücken und einem Wallgraben, auch die im Umkreis liegende »Feldmark«, in der sich die Gärten und Viehweiden der Bürger befanden, war mit hohen Erdwällen, der »Landwehr«, eingefriedet. An den wenigen Durchlässen zu den Handelsstraßen gab es Schlagbäume, deren Wärter man »Bäumer« nannte.
An einem lauen Maienabend nun trafen sich der Jost vom Hilkerbaum und der Hinner vom Steinenbaum beim alten Diebrock, der den Voß-

merbaum bewachte. Sie hatten Wichtiges zu bereden. War doch vermutlich dreistes Gesindel seit Nächten dabei, an einer Stelle, etwa da, wo heute der Nordpark ist, die Landwehr zu zerstören. Schon war eine Bresche in das hohe Buschwerk geschlagen, mit dem man die Wälle bepflanzt hatte. Nun schienen die Gesellen sich an die vier Meter breiten Erdaufschichtungen heranzumachen. Wollte da wohl wer einen Schmugglerpfad schaffen, um die Schlagbäume und so den Zoll zu umgehen? Hinner und Jost konnten von ihren »Warttürmen« aus weit das Land überblicken, aber am Tag ließ sich kein Eindringling blicken, und die Nacht machte sie unsichtbar. Also beschlossen sie, sich zu dritt mit Laternen an der bewußten Stelle auf die Lauer zu legen.

Wie sie nun so durch die Weiden tappten, bemüht, in keinen Kuhfladen zu treten und aufgescheucht durch jeden Käutzchenruf, da blieb der Jost plötzlich stehen und lauschte: »Hört ihr nicht, da ist so ein seltsames Wimmern.« Der Hinner spottete: »Dir summt wohl der Branntwein im Kopf, ich höre nichts.« Doch dann verhielt auch der Alte seinen Schritt: »Mir deucht, es weine ein Kind.« Sie suchten hinter Büschen und Sträuchern, konnten aber nichts finden, und so gingen sie weiter. Als sie die verdächtige Stelle an der Landwehr erreicht hatten, sahen sie eine Blutspur und entdeckten wenige Schritte weiter ein totes Kälbchen. Es hatten wohl ein paar wildernde Hunde die Verwüstungen angerichtet und das Kalb gerissen. Morgen würden sie mit einigen Gehilfen den Wall wieder ausbessern. Die Männer wünschten sich eine gute Nacht und trennten sich. Dem Diebrock jedoch ging die jammernde Stimme im »Knick« am Feldrain nicht aus dem Kopf.

Es graute schon der Morgen, als Diebrock endlich wieder an seinem Schlagbaum ankam. Verwundert sah er dort im fahlen Nebellicht ein junges Mädchen kauern, angetan mit einem kostbaren sammetenem Gewand und einem goldenen Kettchen am Hals. Doch das Kleid war zerknüllt, Erd- und Moosteilchen hafteten im Haar, und das Gesicht war von Schmutz und Tränen verschmiert.

Der Mann fragte nicht viel. Väterlich tröstete er die Kleine, gab ihr Obdach in seinem Kotten, briet ein großes Stück Pickert, goß ihr ein Pintchen Steinhäger ein und brachte vom Brunnen einen Krug mit Wasser, damit sie sich säubern könne. Das Mädchen lächelte dankbar, blieb aber stumm. So verging der Tag. Diebrock ging seiner Arbeit nach, und als die Nacht einbrach, war die Unbekannte plötzlich verschwunden.

Wer war sie, die so rastlos durch die Feldmark irrte? Es war die kleine Caecilie. Ihr Großvater war der reiche Katzenstein gewesen. Der hatte sich einst beim Hofe beworben, die Wein- und Biersteuern einzutreiben, doch als Jude durfte er weder ein Amt ausüben noch ein Gewerbe betreiben. Da lieh er dem Grafen, dem es am Gelde gebrach, aus eigener Tasche und verlangte für jede Mark zwei Pfennige in der Woche, wie es erlaubt. Auf diese Weise mehrte sich sein Wohlstand.

Sein Sohn tat es ihm nach und bald zählte die Familie Katzenstein zu einer der reichsten Bielefelds. Doch dann kam das Unheil über sie. Der Sohn, der nun auch vielen Bürgern Geld geliehen hatte, nahm immer höheren Zins und ließ die Schulden unerbittlich eintreiben. Groll und Empörung wuchsen im Volk. Seine Frau, die ihm eine Tochter geboren, die kleine Caecilie, grämte sich schließlich so darüber, daß sie, als das Mädchen noch keine fünf Jahre alt war, vor Kummer starb. Eine Gouvernante wurde ins Haus bestellt. Und diese war ein herrschsüchtiges böses Weib. Hatte sie sich zunächst nur unwillig um das Kind gekümmert, wurde es ihr, als Caecilie herangewachsen, lästig, denn sie war ihrem Buhlen um den reichen Dienstherren im Wege.

Wo sie nur konnte, strafte und hetzte sie das Mädchen. Und oftmals saß dieses nachts weinend in seiner Kammer und dachte:

Ach hätt' ich doch ein eigen Hort   *und ohne Schimpf und böses Wort*
wo ich ohn' Angst und Bangen   *mein Frieden könnt erlangen.*

Als die Jungfer einmal nicht schnell genug die schweren Kübel mit heißem Wasser schleppte, um ihr ein Bad zu bereiten, schrie die Gouvernante zornig: »Was trödelst und schleicht du daher wie eine Schnecke, währest du doch gleich eine solche!« Da schwappte plötzlich das kochende Wasser über den Boden, so daß es der kreischenden Frau die Füße verbrannte. Caecilie aber wurde winzig klein und trug ein großes Schneckenhaus auf ihrem Rücken. Hei, wie frohlockte die Böse und höhnte: »Welch Freude für dich, nun hast du dein eigenes Haus und ich bin dich endlich los, mögest du so bleiben, bis einer kommt, der bereit ist, so mit dir das Lager zu teilen. Doch darauf kannst du wohl warten bis zum St. Nimmerleinstag.«

Und seitdem wurde, wenn es dunkelte, Caecilie schnecken- klein. Sie suchte sich im Dickicht eine Unterkunft und kroch in ihr Schneckenhaus. So konnte sie, Diebrock verlassend, auch gerade noch einen schützenden Strauch erreichen, als ihre allnächtliche Verwandlung begann.

Am nächsten Mittag aber erschien sie plötzlich beim Hinner in der alten Schmiede. Wieder war ihr Haar wirr und ihr Kleid beschmutzt, und Hinner sah in ihr eine Wegelagerin: »Was treibst du dich hier herum?« fuhr er sie an. »Hach, eine goldene Kette trägt sie, die hast du wohl gestohlen, und der Büttel ist hinter dir her. Nun suchst du bei mir Unterschlupf. Da wird nichts draus!« Damit jagte er Caecilie davon. Traurig und hungrig versteckte sie sich, bis endlich die Nacht hereinbrach und sie in ihr Häuschen kriechen konnte.

Am dritten Tag war ihr ganz elend, und sie lief zum Jost. Der war gerade dabei, einem lahmen Jungstorch den rechten Flügel zu schienen. Da sah er Caecilie. Voller Mitleid streckte er die Arme nach ihr aus. War ihm da ein zweites krankes Vögelchen zugeflogen? Liebevoll sorgte er sich um sie den ganzen Tag. Und als sie bei Sonnenuntergang plötzlich hinwegstürmte, lief er ihr nach. Da sah er, wie das schöne Mädchen schrumpfte und weinend in seinem Gehäuse verschwand. Jost legte sich neben sie ins Moos und barg das zarte Gebilde an seiner Brust. Dann schlief er ein.

Als er endlich wieder erwachte, gab es keine Schlagbäume mehr, die Feldmark war weitgehend besiedelt, nur ein kleines Eckchen war zu einem Park geworden. Aus einem Regenbogen waren die Farben heruntergetröpfelt und hatten Tausende von bunten Blüten wachsen lassen. Er lag, mit Caecilie im Arm, in einem moosgrünem Raum. Das Schnekkenhaus hatte sich in einen wunderschönen, säulenverzierten kleinen Tempel verwandelt.

Und wenn sie nicht gestorben sind, dann leben sie noch heute darin. Schaut einmal nach, das zierliche Gebäude steht am Rande des Nordparkes.

Wenn aber jemals einer zu euch sagt: »Ich werde dich zur Schnecke machen!«, dann seid auf der Hut, denn nicht immer bekommt man am Ende ein schönes Haus geschenkt.

Bielefeld und seine Feldmark

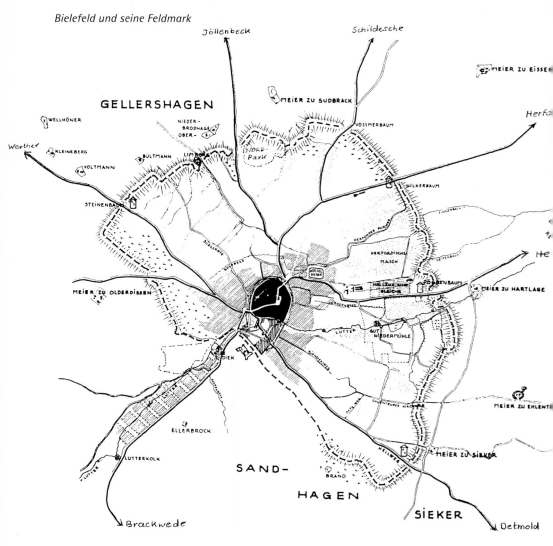

Die Schwarze Frau von Schildesche

Seit vielen tausend Jahren, zu einer Zeit, als die Menschen noch nicht verstanden, das Eisen zu schmieden und ihre Waffen und Gefäße aus Bronze waren, gibt es nordwestlich von Bielefeld (auf der Egge bei Werther) das Grab einer jungen Frau, fast noch einem Kinde. Sie liegt in einem ausgehöhlten Eichenstamm, seitlich mit schweren Steinen bedeckt und ganz mit Erde überhäuft. Das Einzige, was von dem jungen Weibe geblieben ist, sind zwei bronzene Sonnenräder auf ihren Gebeinen. Der Wind weht über die Stätte, Habichtskraut wuchert, und ein Hauch von Frieden scheint über dem Ort zu liegen. Doch wenn ein einsamer Zecher des Nachts durch die Fluren am Schwarzbach geht, zeigt sich eine unheimliche Gestalt, halb Weib, halb Panther. Es ist Elseke, die jüngste Tochter des Teufels. Der lange, schwarze Umhang, der die muskulösen Hintertatzen mit den scharfen Krallen verdeckt, wird auf der Brust von einer kunstvollen Doppelradfibel gehalten. Wer die Schwarze Frau nahen sieht, muß sich sofort auf den Boden kauern, sonst sticht sie mit ihrer Nadel dem Opfer teuflische Gedanken in den Kopf.

Seit Eva im Paradies durch ihre Sünde die Unsterblichkeit verwirkt und den Tod in die Welt gebracht hat, müssen die Frauen unter Schmerzen Kinder gebären, um Leben weiterzugeben. Das sei ihr einziger Sinn auf dieser Welt. So frohlockte der Teufel ob seines Sieges, und so dachten auch alle Männer.

Nun gab es in Schildesche aber eine starke und kluge Frau, Marvidis. Sie hatte ihren Mann früh verloren und war kinderlos geblieben. Mutig widersetzte sie sich dem Willen der gesamten hochgeborenen Sippe, die sie drängte, ihre weiblichen Pflichten zu erfüllen, sich wieder zu verehelichen und eine Anzahl Kinder großzuziehen, denn Gott habe die Welt für Menschen und nicht für wilde Tiere geschaffen. Doch Marvidis sammelte Gleichgesinnte und gründete ein Damenstift. Sie wollte mit innigem Gebet und gottgefälligen Taten den Teufel demütigen und nicht für Evas Sünden büßen. Ihr war das Stift »Paradies« und »Gottes Stadt«.

Da schickte der Höllenfürst seine Tochter, das Schwarze Weib, zum Domherren, dem Vetter der Marvidis, auf daß diese ihn mit Dreuworten beschwören möge, die unvernünftige Stiftung zu vertilgen. Wie der nun so von Paderborn nach Schildesche ritt, stürzte er vom Pferd und brach sich den Hals. Der heimtückische Plan war nicht aufgegangen. Doch »der alte Feind«, wie die Frauen den Teufel nannten, ließ nicht davon ab, Gift in die keuschen Herzen zu träufeln.

Die Jahrhunderte vergehen. Da meldet sich ein neues, hochwohlgeborenes Fräulein und bittet um Aufnahme im Stift. Keiner kennt sie. Ihr schwarzes Gewand ist aus kostbarer Seide, der purpurne Umhang mit einer unsichtbaren goldenen Fibula gerafft, und ihre Waden stecken in hohen, weichen Lederstiefeln. Sie nennt sich Elseke de Duvelsche. Kaum ist sie kurze Zeit in der Gemeinschaft, fängt sie an, gar ketzerische Reden zu führen. So höhnt sie über den kostbaren Reliquienschrein, der die klugen und die törichten Jungfrauen zeigt: »Ihr glaubt, daß die Weiber mit ihren brennenden Öllampen Licht ins Dunkel bringen, dem Herren nahe sind und ins Himmelreich kommen, die Törichten aber mit ihren leeren Funzeln der Verdammnis nicht entrinnen können. Ach, was seid ihr ohne Verstand. Was ist, wenn das Öl verschüttet und sich ein höllisches Feuer entflammt, dann braten die klugen Jungfern schon auf Erden. Die anderen aber können in der Finsternis sehend werden und ihren Weg finden. Nicht glauben müßt ihr, denken!«

Da reißen die so Verhöhnten der Elseke den Purpur vom Leibe, und siehe, es fällt das satanische Doppelrad zu Boden. Vor ihnen steht niemand anderes als die Schwarze Frau.

Zwar wird die Stiftjungfer schimpflich vertrieben, doch der gläubige Geist der Kanonissen ist verwirrt. Sie leben fortan nicht mehr nach alten Gelübden. Sie geben große Feste und reichen erlesene Leckerbissen, kleiden sich kostbar, wohnen in aufwendigen eigenen Häusern mit Dienstboten zur Seite. Und endlich fühlen sie sich auch nicht mehr als Bräute des Gottessohnes, sondern heiraten nach Belieben einen reichen Gatten. Schließlich wird das Stift aufgelöst.

Die genaue Nachbildung des Reliquienschreines steht heute in der katholischen Pfarrkirche in Schildesche, das Original in der Domschatzkammer in Minden.

Die Schwarze Frau aber steigt noch immer aus ihrem tausendjährigen Grab und sticht die Menschen mit der Teufelsfibel. Wenn aber einer kommt, der reinen Herzens ist und Mut und Kraft hat, die Tatzen zu binden und die Bronze zu entreißen, dann wird Elseke sich aus der unseligen Gewalt ihres Vaters befreien können und endlich Ruhe finden.

Der Busschenhof:
einer der letzten
Stiftshöfe,
1939 abgerissen

Die sieben Sonnen

In Herford, das man seiner vielen Kirchen wegen auch »das heilige Herevord« nannte, lebte einst nahe der Münsterkirche am Ufer der Aa ein armer Kötter. Sein Großvater bekam, als er jung, vom Sattelmeier ein kleines Haus zu eigen. Er lieferte dafür Honig und Kerzenwachs ans Stift, hatte er doch das Imkern erlernt und pflegte in seinem Garten fünf große Bienenvölker. Als er gestorben war, führte sein Enkel, der Konrad, die Zucht weiter. Eines Tages ging dieser mit seiner Dathepfeife im Mund und dem Bienenschleier vorm Gesicht zu einem im Herbst umgeweiselten Stock, um zu schauen, ob alle Waben belegt seien. Da bemerkte er vom Bache her ein Stöhnen und Jammern. Es saß da im Grase ein riesengroßer Bär. Wehklagend schlenkerte er seine mächtige Tatze durchs kühlende Naß. Der vernaschte Riese hatte sich in seiner Gier an einem Bienenkorb vergriffen, um den süßen Honig zu schlek-ken. Die wütenden Tiere stürzten sich auf ihn und zerstachen ihn so, daß er die wilde Flucht ergriff. Konrad hatte Mitleid mit dem geschundenen Bär, zog ihm sieben mal sieben Stacheln aus der Haut und wickelte ihm endlich noch einen mit essigsaurer Tonerde getränkten Lappen um die Pranke.

Da versprach der Bär, seinem Wohltäter für alle Zeiten gut Freund zu sein. »Ruf mich, wenn Du mich brauchst«, waren seine Abschiedsworte, dann tapste er davon.

Die Jahre vergingen, und Konrad hatte fast schon die Begebenheit vergessen. Er war fleißig und fromm, verrichtete die Imkerei, lieferte pünktlich seinen Anteil Honig und Wachs an die Äbtissin, und wenn er des Sonntags zur Predigt in die Münsterkirche ging, erfreute er sich jedesmal an den goldglänzenden sieben Sonnen über dem Portal. Diese, so sagten die Leute, wären, als der Sumpfboden, auf dem man das Gotteshaus zu errichten gedachte, so gar nicht hatte trocknen wollen, eines Morgens am Himmel aufgegangen, und, welch Wunder, bis zur Nacht sei der Grund festgeworden.

Nun gab es zu dieser Zeit den Simon, einen alten, schlauen Juden. Der wohnte im Frühherrenhaus und war des Geldgeschäftes kundig wie kein Zweiter. Nur er kannte sich aus in dem Gewirr der Maße und Mengen, der Münzen und Zinsen, der Werte und Schulden. So manch einer stand bei ihm im Buch. Selbst die Äbtissin hatte, bei leeren Kassen, ihm dies und jenes Stiftsgut verpfändet. So war er ein reicher Mann geworden. Bei Simon in der Kreide stand aber auch ein Villicus, ein gewissenloser Mensch, der ein wenig gottgefälliges Leben führte, praßte und spielte und darob hoch in Schulden kam. Wie wollte er sie zurückzahlen? Da sagte der sich: »Wenn ich schon ein Eintreiber bin, warum soll ich nur für die Herforder Damen schuften, mich deucht, es wäre nicht von Übel, mein eigen Säckel zu füllen.« So verlangte er über die Gebühr, behielt vom Zehnten ein, forderte Abgaben, die nicht rechtens und bedrohte die Pflichtigen.

Eines Tages kam er zum Konrad und behauptete dreist, der Kötter habe kein »Hußentegeld« gezahlt und das seit 50 Jahren. »Aber das Haus ist doch mein Eigentum!« jammerte der Verschüchterte. »Kannst du es beweisen?« Doch ein Dokument hatte Konrad nicht; so schimpfte der Villicus ihn einen Betrüger und verlangte, daß er für jedes Jahr, in welchem er Haus und Garten bewohnte, einen Gulden zu zahlen habe, und

Der Villicus verlangt Hußentegeld vom Konrad.

das für die die ganze Zeit. »Und hast du mir nicht in drei Tagen bis Mitternacht 50 Gulden gebracht, werde ich dich sogleich mit Knüppeln außer Landes treiben lassen.«

Voller Trauer und Ratlosigkeit blieb Konrad zurück. Er ging in den Garten zu seinen Bienen, und sie sterzelten und summten um ihn herum, daß es ihm wie ein Abschied klang. Wie sollte er die übermächtige Summe beschaffen. All sein Vermögen bestand aus einem einzigen Gulden, den er vom Großvater zur Taufe erhalten und seitdem ängstlich gehütet hatte. Da erinnerte er sich plötzlich an den Bären. Sollte er ihn um Hilfe bitten? Er zögerte und grübelte und verwarf und erwägte aufs Neue. Endlich, am dritten Tage rief er laut nach dem Freund. Nichts geschah, schon wollte er schier verzweifeln. Aber als die Dunkelheit hereinbrach, stand auf einmal der Bär vor ihm. »Komm, folge mir, ich will dir helfen, so wie du mir geholfen.« Leise näherten sich beide der Münsterkirche, und wie sie vor dem Portal standen, schien der Braune auf einmal wie mit Engelszungen zu sprechen:

Der golden Sonnen mächtige Lanze
erstrahlt im klaren, heiligen Glanze
mög' Euer Licht die Wahrheit erhellen
über Bosheit und Lüge den Sieg heut stellen!

Dann kletterte das große, schwere Tier auf Konrads Schultern, machte sich ganz lang, und pflückte mit seinen Tatzen behutsam die Sonnenscheiben von der Kirchenmauer. Beim Heruntersteigen aber glitten sie ihm vom Fell und fielen zu Boden. Doch wie sie auf die Erde trafen, zersprang eine jede in sieben Teile, und aus jedem Teil wurde sogleich ein Gulden. Sie hatten sich in 49 blanke Goldstücke verwandelt. Der Bär jedoch war augenblicklich verschwunden. Konrad beeilte sich, die wertvollen Münzen aufzulesen und sogleich zusammen mit seinem Patengeschenk dem gierigen Villicus zu bringen. Dessen Forderung war damit erfüllt. Aber als dieser am nächsten Morgen nun seine Schulden beim Simon begleichen wollte, waren alle Goldstücke zu Mörtel zerfallen, nur das Patengold lag wieder in Konrads Hand. An der Münsterkirche standen wie immer sieben Sonnenscheiben über dem Kirchenportal, den Villicus aber ließ der Simon in den Schuldenturm sperren.

Die alte Schmiede

Das Geheimnis
des alten Mecklers

Es waren einmal vier Männer, die saßen in der alten Schmiede zusammen und spielten Skat. Der Turmwächter, der Schweinehirt, der Stadtmusikus und Jupp, der Meckler. Sie waren Freunde von Kindesbeinen an. Alle standen im Dienste der Stadt und erhielten einen Sold vom Kämmerer. Der Meckler hatte die Flur an der Wertherschen Straße zu überwachen und dafür zu sorgen, daß kein Fremder sein Vieh auf der Stadtweide grasen ließ. Auch durfte er Bösewichter festnehmen und einsperren.

Als er nun, nach fröhlichem Zechen und Spielen, den Heimweg antrat, wurde er kurz vor seinem Kotten von einem finsteren Gesellen überfallen. Dieser hatte den Jupp im Wirtshaus beobachtet und bemerkt, daß der glücklich gespielt hatte, und der Gewinn von 30 Mariengroschen – das war fast ein ganzer Joachimsthaler – in seiner Tasche steckte. Mit einem groben Knüppel schlug er auf den Wehrlosen ein, raubte ihm sein Geld und zerschmetterte mit einem letzten Schlag dem Meckler das Knie so, daß der am Boden liegenblieb. Für den Ärmsten begann ein langes

Siechtum. Sein Amt verlor er, denn er konnte sich nur noch mühsam mit Krücken bewegen. Und so zog Not bei ihm ein. Zwar halfen ihm seine Freunde, doch sein Stolz verbot ihm, Almosen anzunehmen.

Als wieder einmal das letzte Kantchen Brot aufgezehrt und auch keine Kartoffel mehr im Sack war, lag er schlaflos in der Nacht. Da hörte er plötzlich ein leises Klopfen an der Türe. Und als er öffnete, stand vor ihm eine junge Frau, eingehüllt in dicke Tücher und mit einem Glockenblumenkranz im Haar. Verwundert schaute Jupp die Gestalt an. Wie hatte sie den Steinenbaum, den Schlagbaum am Wertherschen Weg, passieren können, ohne, daß der Baumhüter sie bemerkte. Er wollte wissen, wer die Frau war, woher sie kam und was sie von ihm wollte. Doch diese sagte nur: »Frag nicht!« und trat ein. Sie deckte dem Mann den Tisch mit Fleisch und Brot, mit Käse und einem Humpen Bier, so daß der satt und zufrieden war. Und sie mahnte: »Du darfst dein Lebtag nicht sprechen von dem, was in der Nacht geschieht.« Dann legten sich beide zur Ruhe. Im Morgengrauen war sie verschwunden noch ehe Jupp erwacht war. Doch in der nächsten Nacht klopfte sie wieder an seine Tür.

Und so ging es viele Monate. Und als der Winter hereinbrach, gebar Jule, so hatte der Meckler sie bei sich genannt, in einer Nacht einen kleinen Sohn. Am Tag war der Mann wieder allein. Jede Nacht nun stillte die Mutter ihr Kind, und der Knabe gedieh prächtig. Doch, wenn sie ihm die Windel wechselte, verwandelte sich der Inhalt in pures Gold. Heimlich verwahrte Jule dies in einem großen Topf. Eines Nachts nun, als der Knabe gerade ein Jahr alt war, übergab Jule dem Meckler den Topf, der bis zum Rande mit Goldstücken gefüllt war, und sprach:

»Ich muß dich nun verlassen. Nimm das, und merke dir gut:

ein Teil lebe, ein Teil gebe, ein Teil hebe!

Und denke immer daran, daß du dein Lebtag niemanden unser Geheimnis verraten darfst.«

Dann küßte sie ihn, nahm ihr Kind auf den Arm und ward von Stund an nie wieder gesehen. – Jupp war sehr traurig, aber er tat, wie ihm geheißen ward. Er nahm zwei Teile aus dem Topf, dann vergrub er den Rest Gold noch in selbiger Nacht unter der alten Schmiede. Der eine Teil reichte zu einem bescheidenem Leben, mit dem anderen half er, wo er nur konnte, denen, die ärmer waren als er.

Als er nun sehr alt und krank geworden war, merkte er, daß sein Leben zuende ging, und als er den Schein des Abendrotes im Fenster sah, dachte er: »Einen Leb-Tag werde ich nicht mehr sein, also will ich jetzt mein Geheimnis enthüllen, damit meine Freunde den Topf ausgraben und weiter Gutes tun können.« Er ließ den Turmwächter, den Schweinehirt und den Stadtmusikus zu sich rufen. Doch ehe sie an sein Bett treten konnten, war es zu spät.

Als der Meckler der Erde übergeben wurde, weinten viele Menschen an seinem Grab. Und es stand da auch ein feiner junger Herr, den keiner vorher gesehen hatte, und der einen Strauß von Glockenblumen auf den Sarg gleiten ließ. Doch so unbemerkt, wie er gekommen war, war er auch wieder verschwunden. Am nächsten Tag allerdings hieß es, ein Unbekannter habe der Stadt eine große Summe für ein Armenhaus gestiftet.

Als man vor Jahren die alte Schmiede abriß, um die Stapenhorststraße breiter auszubauen, fand man tief in der Erde einen großen Topf mit der Inschrift »Jupp und Jule«. Der Topf war leer, nur unter dem Boden klebte ein sehr altes Goldstück. Und hinter der Straße, da, wo jetzt die Tennisplätze liegen, wachsen in jedem Jahr große Büsche Glockenblumen.

Henkeltopf aus dem 15. Jahrhundert, in Bielefeld gefunden

Die Alte vom Wendischhoff-Hof

Seit über 900 Jahren kennt man den alten Wendischhoff-Hof. Er wurde zunächst von der Abtei Herford verwaltet, war also ein Villikationshof. Diese Anwesen mußten mehrere Malter Roggen und Hafer, einige Scheffel Erbsen, Krüge Honig und Fuder Stroh zuweilen auch Fische oder Felle an die Abtei liefern. Die Stiftsdamen stapelten sie in ihren Lagerräumen, den Granarien, und verteilten sie unter die Stiftsfamilie. Der Wendischhoff war jedoch von solchen Pflichten befreit.

Nun heißt es ja, der Gründer der Herforder Abtei habe diesen Ort gewählt, weil eine Kuh mit leuchtenden Hörnern ihn hierher geführt

Am Mühlenteich

103

habe. Die Kuh jedoch war dem Wendischhoff entlaufen, war zum Bauern Müdehorst getrabt und hat nicht mehr zur Weide zurückgefunden. Da gab der Herr ihr Lichter, damit sie den Heimweg suche. Aber das dumme Vieh ist nun erst recht in die Irre gegangen und in Herford gelandet. Der richtige Platz für den Klosterbau wäre also auf dem Acker des Wendischhoff-Hofes gewesen.

Hundert Jahre später kam der Hof zum Stift Schildesche. Zwar hatte Graf Otto III. an der Pfarrkirche der Bielefelder Neustadt gerade eine Schule bauen lassen, aber dort wurden unter Aufsicht eines Scholasters nur Knaben unterrichtet. So schickte man Roswitha, die jüngste Tochter des Bauern, nach Schildesche zu den Stiftsdamen der Marswidis. Sie wurde die beste Freundin von Emma, der späteren Äbtissin. Aber sehr Seltsames geschah!

Als die erste Fastenzeit im Stift vergangen war, hörte Roswitha auf zu altern. Emma war längst gestorben; das Mädchen jedoch, das wieder auf dem älterlichen Hof wohnte, war noch immer jungfräulich blühend. Die Musik war ihr ins Blut gelegt. Sie konnte die Harfe zupfen, sie verstand es, die Zimbel, die ihr einst ein Zigeuner geschenkt hatte, zu schlagen, doch am liebsten blies sie die Schalmei. Eines Tages merkte sie, daß ihr dabei geheime Kräfte zuwuchsen. Wann immer ein Mensch oder ein Tier in Not war, konnte sie mit den einfühlsamen Klängen Hilfe herbeirufen.

Roswitha blieb auf dem Hof, sie war eine Schutzpatronin. Die Geschlechter wurden geboren und starben. Und wenn sich 100 Jahre gerundet, da waren für sie kaum derer zehn vergangen. Das Rad der Zeit drehte sich anders.

Es war spät am Abend. Die »Dienste«, die Knechte und Mägde, waren längst zur Ruhe gegangen, und zu dem leisen Schnaufen der Pferde in ihren Boxen links der Deele und dem zufriedenen Muhen der widerkäuenden Rinder zur Rechten gesellte sich das Schnarchen des Großknechts. Es war Fastenzeit. Roswitha, die nicht schlafen konnte, bereitete gerade das Essen für den nächsten Tag vor. Es sollte »Wolfhinken« geben. Das sind mit einem Teig aus Schinken und Eiern gefüllte Hühner. Dereinst, als sie noch im Stift, war sie die Bewahrerin der Speckkammer gewesen, jetzt betreute sie die Schinken, die über der im Boden im »Flett« eingemauerten Feuerstelle im »Wiemen« hingen. Der Rauch erfüllte die ganze Deele, denn, da kein Schornstein gebaut war, mußte er sich durch Fensterritzen und Türen seinen Abzug suchen.

Da hörte sie auf einmal Gepolter und Gegröhle im Hof. In wildem Durcheinander schrie eine Schar trunkener Männer nach ihr. Sie wollten die Schlüssel zur Mühle. Die Wendischhoffer Wassermühle, die vom Hasbach getrieben wurde, war seit Ende des 17. Jahrhunderts urkundlich nachgewiesen. Sie arbeitet als Getreide-, Öl- und auch Bokemühle. Das heißt, mit einem Hammer, dem Stösel, wurde der Flachs gebrochen. Die Räuber nun wußten, daß die Mühle unbewacht war, denn der Müller weilte zur Kindstaufe seiner Enkelin in Deppendorf und war dort über Nacht geblieben. So kamen sie in großen Scharen auf den Hof, rammten das schwere Tor auf, polterten durch die »Niendür« in die Deele, bedrängten Roswitha und stießen sie ins »Waskort« gegenüber dem langen Eßtisch der Familie.

Da geschah es! Blitzschnell verwandelte sich die nun schon alte, dürre Frau in ein engelsgleiches Wesen und blies auf ihrer Schalmei.

Schon einmal hatte der Ruf den Hof gerettet. Als in einer Sommernacht ein schweres Gewitter niederging, schlug ein gewaltiger Kugelblitz in den mit Heu und Stroh vollgepackten »Hielen«. Die ganze Luft roch nach Schwefel. Doch plötzlich rollte der Blitz weiter direkt in das Blasrohr des Engels und war auf einmal wie verschluckt. Als die Wehr mit der großen Spritze anrückte, fanden sie nur am linken Pfosten des Tores ein verkohltes Flügelchen. Die Figur hat der Maler schnell wieder kunstvoll ersetzt.

Jetzt nun waren auf ihren Ruf eiligst alle Männer des Dorfes herbeigeeilt und hatten die Rebellen in den Mühlteich getrieben. Nach Luft japsend soffen sie so viel Wasser, daß ihre Bäuche ganz schwer wurden, sie untergingen und sich alle in dicke Karpfen verwandelten.

Die Mühle ist vor Jahren abgerissen worden. Jedoch den Hof und daneben den Teich gibt es noch heute. Ob aber auch noch Karpfen darin herumschwimmen, weiß ich nicht. Das Engelsbild mit der Schalmei, das die Niendür der wunderschönen alten Meyerhöfe ziert, wurde zum beschützenden Wahrzeichen.

Jettchens Nacht

Es war einmal vor langer Zeit, als die Nacht noch still und schwarz und der Tag voller Arbeitslast, als man noch von Hexen das Böse befürchtete und von Feen das Gute erhoffte, da lebte in Dorinberc, dem heutigen Dornberg, als jüngstes Kind eines Tagelöhners ein kleines Mädchen. Die Eltern hatten ihm den schönen Namen »Henriette« gegeben, doch sie wurde von allen nur »Jettchen« gerufen. Sie spielte mit Hannes, dem Sohn des Nachbarn, und die Kinderjahre waren eine glückliche Zeit. Doch die Familie war sehr arm, und so kam die Kleine

Das Bleichhäuschen

107

schon mit 12 Jahren als Magd zu einem Heuerlingbauern. Sie mußte schwer arbeiten, der Frau in der Küche und im Stall zur Hand gehen und dem Knecht auf dem Felde. Gelegentlich wurde sie auch zum Meyer gerufen. Hier wurde sie angewiesen, am Bleichhäuschen das Leinen zu bewachen, mußte dieses doch 12 Nächte vom Mondlicht beschienen werden, damit das Weiß den rechten bläulichen Schimmer bekomme. Doch man mußte sorgsam darauf achten, daß der Mond die Laken nicht zu lange bescheint, denn sonst können wunderliche Zauberkräfte wach werden.

Es war an einem schwülen Sommertag. Die Luft flirrte vor Hitze. Jettchen sollte das Korn, das der Knecht mit der Sense gehauen, zu Garben binden. Der Schweiß brannte in ihren Augen, die Hände waren von den Strohseilen wund. Sie pflückte ein paar Kornblumen und verweilte kurze Zeit am Ackerrand. Darob wurde der Knecht sehr zornig und schimpfte sie faul und nichtsnützig. Als sie dann auch noch in der Nacht die Wache am Bleichhäuschen hatte, dabei vor Erschöpfung einschlief, so daß ein Dieb sich anschleichen und vier große Laken stehlen konnte, wollte der Bauer sie davonjagen.

Da haderte Jettchen mit ihrem Schicksal und dachte: »Ach, könnte ich doch so sein wie der Bauer und mein eigener Herr.« Aber der Bauer war nicht sein eigener Herr. Er lebte zwar in seinem Kotten, bebaute den Acker und konnte beides auch an Kind und Kindeskinder weitergeben, aber er war dem Haupthof, dem Meyer, mit seiner Arbeitskraft verpflichtet.

»Also«, dachte Jettchen »so will ich ein Meyer werden, dann bin ich frei und aller Sorgen ledig.« Aber auch der Meyer war nur Hintersasse des Grundherren und somit diesem Zins und Abgaben schuldig. Sein Besitz zählte zu den allerältesten Lehen der Abtei Herford, die Wala, ein Sohn des frommen Ludwig, gegründet hatte. Und schon hörte Jettchen eine trunkene Stimme: »porcum et ovem!« Es war der Ruf des Eintreibers, des Villicus, der gerade vom Herforder Stift kam, wo man ihn reichlich mit Honig, Brot, Käse und Suker, dem leckeren Kräuterwein, bewirtet hatte. Nun forderte er, wenn es sein mußte, auch mit »Zwing und Zwang«, für den Lehnsherren die Abgaben ein, die anstelle der Pflicht zur Waffenhilfe getreten waren. Es mußten ein Schwein, ein Schaf, fünf Molter Käse, etliche Ellen Leinen und noch manches mehr an die Abtei geliefert werden. Wie geriet der Eintreiber in Zorn und drohte mit Strafen, als er hörte, daß die geforderte Menge an Leinen nicht aufzubringen sei. »Ich komme wieder, und wehe, ihr habt nicht alles beisammen.«

Voller Angst rief Jettchen: »So will ich Macht haben und eine Äbtissin sein.«

Nacht umhüllte sie. Ein seltsames Rauschen hub an, stürmischer Wind kam auf und peitschte die Wolken. Wie Speere stach der Mond seine bleichen Strahlen auf die Erde. Da blähten sich plötzlich die verbliebenen Laken wie Segel auf und rissen das Mädchen mit in die Höhe. Wie von einem unsichtbaren Geisterschiff wurde sie durch die Lüfte gelenkt. Tief unter ihr versank der Gottesberg. Dann wurde die Fahrt langsamer, und Jettchen schwebte über der Pforte des Herforder Stiftes. Was sah sie da für ein Gedränge. Wo war der klösterliche Frieden? Fuhrleute karrten Holzladungen heran und luden sie wahllos irgendwo ab, Schweine rannten quiekend durch den Morast, aufgeregte Mägde kreischten, und die Anordnungen der Stiftsdamen, die die Lieferungen beaufsichtigen wollten, gingen im Geschrei und Gerufe, im Singen und Beten des Gewühles unter. Gerade platzte ein Sack voller Erbsen und riß einen Korb mit zwei Groß Eiern mit herab. Augenblicklich stürzte eine Schar Hunde, Hühner, Katzen und Sauen herbei, um sich unter wildem Krakeelen um die Beute zu streiten. Doch Jettchen war inzwischen im Innenhof gelandet, und man huldigte ihr als neue Äbtissin. Sogleich erschienen zwei Novizen, führten sie zu einer Waage, und vier Stiftsdamen bezeugten ihr Gewicht, auf daß es mit Brot aufgewogen werde. Doch ach, das dürre Mädchen hatte zu wenig Pfunde zu bieten, und der Truchseß, der die höfischen Mahlzeiten überwachte, sah es als seine dringende Aufgabe, diesem Übel abzuhelfen und Jettchen auch an Fastentagen mit reichlich gefüllten Hühnchen und üppigen Eierspeisen zu verwöhnen.

Jettchen hatte nun reichsfürstliche Würde, ihr Stand war höher als der einer Landesfürstin. Sie konnte über eine aufwendige Hofhaltung verfügen. Neben dem Truchseß gab es einen Mundschenk und einen Marschall. Als major domus stand ein Senneschalk dem Hofstaat vor. In Jettchens Herzen keimte der Hochmut. Und so führte ihre erste Reise zur Besichtigung ihrer westfälischen Güter nach Dornberg. Also befahl sie:

»Sattelt zu meinem Schutze 105 Pferde, ich werde mich mit großem Gefolge für drei Nächte bei dem zu Godesberg einquartieren, ehe ich über Kloster Clarholz weiterziehe zu meinen Weingütern am Rhein. Ha, der Meyer muß den ganzen Troß versorgen und mir, als der Äbtissin, ein Lager mit einer echten Matratze zur Verfügung stellen. Nun wird der Mann sich hüten, mich wegzujagen.«

Dann kam ihr großer Tag, der Lehnstag. Sie saß auf einem Thronsessel, über dem sich ein mit Goldtressen besetzter scharlachroter Baldachin wölbte. Einer Krone gleich trug sie auf ihrem Haupte die Mitra, und über ihrer Sutane bedeckte ein pelzverbrämter Umhang ihre Schultern. Vor ihr knieten die junkerlichen Herren, empfingen mit gefalteten Händen die Erneuerung ihrer Lehen und schwuren den Treueeid. Darunter die Nobiles: die Grafen von Solms, die Herren von Tecklenburg und der Graf Kerssenbrock. Jettchen fühlte sich schon am Ziel aller ihrer Träume.

Aber o weh! Es geschah etwas, was später im Stift als »Hunnensturm«, in Erinnerung blieb. Wilde Horden aus Ungarn brachen ein, die Awaren, sie brandschatzten und verwüsteten das Land, kamen bis nach Herford und richteten große Zerstörungen an. Sie vernichteten alle Urkunden und brannten die Abtei nieder. Die Damen flohen in wilder Angst nach Enger und wurden dort heimtückisch ermordet. Der Äbtissin gar schlug man den Kopf ab.

(An jedem Jahrestag dieses schrecklichen Ereignisses begeht man noch heute in Enger das »Timkenfest«, bei dem Brot und Wurst an arme Kinder verteilt wird.)

Es war finstere Nacht, und Jettchen fror.

Sagt, was schützt mich Hermelin,
wenn ich lieg im kalten Grabe?
Sagt, was nützt mir eine Krone,
wenn ich keinen Kopf mehr habe?

Wappen derer »Zum Gottesberge«

Und wieder gab es da das seltsame Rauschen, und es schien, als würden die flatternden Laken zur Ruhe kommen. Der Mond war verblichen und strahlende Sonne erhellte den Tag. Langsam öffnete Jettchen die Augen. Da fing sie an, gar bitterlich zu weinen. Die Tränen flossen über ihre Wangen und tropften bis auf den tiefen Grund. Und wie sie so dasaß in ihrem Kummer, da bildete sich zu ihren Füßen ein See, und aus dem kristallklaren Wasser schaute sie ein junges Mädchen an. Es trug einen derben Wollrock und ein schlichtes Leinenhemd. Ihre Hand aber umfasste einen kleinen Strauß von Kornblumen. Jettchen sah im Wasser ihr Spiegelbild. Es durchströmte sie ein warmes Gefühl des Glücks und des Geborgenseins, und eine große Zufriedenheit kam über sie. Die Verlockung, sich ein anderes Ich zu wünschen war dahin. Wußte sie doch jetzt, daß jedem das Seine zuteil wurde. Sie wand die Kornblumen zu einem Kranz und setzte ihn aufs Haar. Da erblühte sie zu einer hübschen Jungfer, und die Blumen schmückten sie reicher denn jede Krone. Tapfer diente sie ihrer Herrschaft und verrichtete klaglos die schwere Arbeit.

Auch Hannes war fleißig und bescheiden. Eines Tages hatte er es zu einem eigenem Kotten gebracht. Da steckte er seinem Jettchen einen goldenen Ring an den Finger, und sie waren glücklich bis ans Ende ihrer Tage.

Auf den satten Wiesen rings um den mächtigen, alten Meyerhof zum Gottesberg an der Grenze von Kirchdornberg tummeln sich heute edle Araberpferde. Auf dem kleinen See, an dem Jettchen aus ihrem schrecklichen Traum erwachte, kreist ein stolzer Schwan. Und am Ufer steht – ganz verwunschen und über und über mit Efeu bewachsen, das Häuschen, an dem vor langer Zeit das Leinen bleichte.

Feuerwasser

Es war in alten Zeiten, da regierte hier ein hartherziger, gestrenger Graf. Während andere Herrscher eine freiwillige Abgabe, die sogenannte Siura von ihren Landeskindern erbaten, forderte er Steuern von den Bürgern und ließ sie notfalls mit roher Gewalt einziehen. Er hatte den Kuno in seine Dienste genommen, und dieser war noch unerbittlicher als der Graf selbst. Rastlos streifte Kuno durch die Lande, zu schauen und zu prüfen, ob alle Untertanen fleißig arbeiteten, um ihr Tribut pünktlich und redlich zu zahlen. Er forderte, daß man ihm die gleiche Achtung und Ehrerbietung wie seinem Herren erweise und bestrafe streng jede Ungehorsamkeit.

Eines Tages nun ritt er durch die Wälder Steinhagens. Da sah er einen armen, schlichten Holzfäller, der über seiner schweren Arbeit schwitzte und den Eintreiber garnicht bemerkte. Voller Zorn herrschte dieser ihn an: »Warum grüßt Ihr nicht ehrerbietig, wie es sich geziehmet?« »O Herr, ich schaute zum Baum und nicht zu Euch«. »Keck ist Er auch noch, das soll Er mir büßen«, schrie der so Mißachtete, »wer mir keine

Ehre erweist, der hat sein Leben verwirkt, jagt ihn, fangt ihn, hängt ihn«, befahl er. Doch Heinrich war flink und behende hinweggesprungen und hatte sich im dichten Unterholz des Gottesberges versteckt.

Drei Tage und drei Nächte konnte er so seinen Häschern entgehen. Doch wie er nun kauernd am sprudelnden Naß des Quellentales seinen Durst löschen wollte, entdeckte ihn der häßliche Jost. Der hatte schon immer einen Zorn auf den Heinrich gehabt, weil er dessen Weib selbst gern gefreit hätte, dieses ihn aber verschäht hatte. Als er nun den gehetzten Mann sah, flüsterte ihn der Teufel ins Ohr: »Jetzt kannst du Rache nehmen und deinen Nebenbuhler vernichten. Nutze die Stunde!« Und so ging Jost zum Eintreiber und verriet den Heinrich. Der wurde bei Wasser und Brot in ein dunkles Loch gesteckt.

Da ging die Frau des Heinrich zum Kuno und bat: »Laßt Gnade walten lieber Herr, das Mannsbild muß neun Kinder ernähren, nehmt mich statt seiner, ich bin krank und elend, ich will für ihn büßen.« Nun tat der Eintreiber so, als ob er über die Treue des Weibes gerührt sei und ließ sich den Gefangenen vorführen. Heimtückisch aber dachte er bei sich: »Ich werde ihm eine Aufgabe stellen, die er nie erfüllen kann.« Dann sagte er: »Kann Er mir Feuer und Wasser mischen, um es eiseskalt dann aufzutischen? So will ich Ihm die Freiheit schenken.« »Ach, ich Armer, ich bin verloren, Feuer und Wasser sind wie Leben und Tod die ärgsten Feinde. Wie soll ich die vereinen?« Und wie der Heinrich so traurig hockte, und sich keinen Rat wußte, zupfte ihn auf einmal ein kleines Männlein am Ärmel. Es hatte dunkelbraune Knopfaugen und glänzte silbrig am ganzen Leib. Es war der kleine Adrian, der Schutzpatron der Feuerwässer. Er war längst nicht so berühmt und mächtig wie sein Oheim, der heilige Urian, der Beschützer aller Weinbauern. Aber auch er konnte Bedrängten helfen. »Schau dich um«, wisperte Adrian,

»Sieh all die Wachholdersträucher,
pflücke die Beeren
und lasse sie gären,
entfache heuer kräftiges Feuer,
der Geist hell und rein
wird Preis Dir sein.«

Heinrich tat, wie ihm der kleine
Adrian geheißen. Und siehe, aus
dem Beerensud tropfte ein heller Saft,
so klar wie Wasser und so brennend
wie Feuer. Dann ging er zum nahen
Weiher, schlug kleine Eisbröckchen zum
Kühlen. Und in einem zierlichen Gläschen
servierte er so den Trank. Kuno kostete, und er
hörte gar nicht auf zu kosten. Endlich war er so fröh-
lich, daß er den armen Holzfäller zum Bruderkuß um-
armte und ihm einen Beutel Gold schenkte. Damit baute
Heinrich eine große Brennerei. Er nannte seinen Beerentrank
»Steinhäger«. Wurde der zunächst als Medizin getrunken, so war er bald
im ganzen Land als Tröster beliebt. Und nicht nur dem Kuno hat er gut
geschmeckt, auch dem Grafen mundete das Feuerwasser sehr. Allerdings hat der dann gleich eine neue Steuer erfunden, die Branntwein-
steuer, und die gibt es noch heute, genauso wie den Steinhäger. »Na,
dann Prost, Leute!«

Der »Steinhäger aus Westfalen«
nahm seinen Weg um die Welt

Die Wichtel vom Schwarzen Bach

Es war zu einer Zeit, da die Menschen noch nicht mit einem Scheck oder einer Kreditkarte ihre Käufe bezahlten, sondern mit guten Gold- und Silberstücken einen Handel beendeten. So nimmt es nicht wunder, daß jeder Landesherr auf seinem Boden nach wertvollen Erzen suchen ließ, um Münzen zu prägen und reich zu werden.

Da wohnte nun in Werther der Siegfried, ein Wagner. Er baute die schönsten Karossen in der ganzen Gegend, aber auch Bollerwagen und Schubkarren. Wie er so eines Tages

Der Schwarze Bach bei Werther

an einem Wagenschlag für die neue Kutsche eines reichen Bürgers arbeitete, stand plötzlich ein daumenkleines Männlein vor ihm mit einem Wägelchen, wie für Puppen gemacht. Ein Rädchen war zerbrochen, und der kleine Wichtel bat mit wohlgesetzten Worten den Meister, ein neues zu fertigen.

»Ich will es Euch gut lohnen, Herr«, versprach er, »aber, hütet Euch, nach meinem Woher zu fragen.«

Der Wagner arbeitet das kleine Rad nach und paßte es sorgsam an, so daß der Wichtel nach einer Woche sein Wägelchen wieder abholen konnte. Zum Dank legte er ein Goldstück auf die Werkbank und verschwand. Doch zu jeder Sonnenwendnacht kam der Kleine wieder und brachte ein weiteres Goldstück. Nun war der Meister doch sehr begierig, das Geheimnis über die Herkunft des Wichtelmannes zu lüften. So schlich er heimlich in der nächsten Mittsommernacht dem Männlein nach. Durch hohes, grünes Wiesengras, vorbei an einem weißen Weiher, ging es in das dichte Unterholz eines Wäldchens, durch das sich der Schwarze Bach zog. Hier endete die Spur und Siegfried konnte seine Neugier nicht befriedigen.

Wieder war eine Zeit vergangen. Da kam ein anderer Wichtel. Er trug eine winzige Spitzhacke, doch der Stiel war zerbrochen. Auch er bat um Heilung des Werkzeuges und raunte: »Es soll Euer Schaden nicht sein, aber frage nie nach dem Wofür.« Dann war er blitzschnell verschwunden, genau wie der erste. Doch als sein neues Stielchen an der Hacke befestigt war, lagen von nun an zwei Goldstücke in der Werkstatt. Und wieder versuchte der Meister zu ergründen, was es mit den seltsamen Männlein für ein Ding sei. Als er diesmal an den schwarzen Bach kam, meinte er, tief unter sich ein Rumpeln und Rumoren zu hören, ein leichtes Klopfen und Scharren, aber er konnte nichts sehen und dachte schließlich, seine eigenen Schritte auf dem Kies möchten ihn genarrt haben.

In dieser Zeit hatte der Herzog an fünf Bürger das Schürfrecht verliehen und sich selbst den Zehnten vom Gefundenen ausbedungen. Von weit her, aus den Thüringer Bergen hatte man den Ilmenauer, einen berühmten, teuren Fachmann, angeworben.

Nun war man im ganzen Lande auf der Suche nach kostbaren Metallen. Der Wagner bekam zum dritten Male Besuch. Ein Wichtlein wehklagte und jammerte, nahm ihn endlich bei der Hand und zog ihn mit zum Schwarzen Bach. Dort sang es eine seltsame Melodie:

Wiede, wode, würe,
öffnet mir die Türe!

Und da kroch plötzlich aus einer Erdspalte ein Drachen hervor. Er wälzte einen großen Steinbrocken zur Seite, und vor ihnen lag ein tiefer Schacht. Bittend zog der Kleine den Wagner hinein. Ach!! Der Streb war gebrochen und unter den Trümmern lagen dreizehn Männlein elendiglich eingeklemmt. Der starke Siegfried konnte die Hölzer hochstemmen und die Wichtel befreien. Nun sah er auch, wie eine dicke Goldader durch den Boden ging und ringsum ein emsiges Treiben herrschte. »Sagt an«, fragte er »was macht ihr mit dem Gold?« »Wir helfen den Ärmsten, die in Not sind, da ein Körnchen, und da ein Bröckchen, es gibt so viele, die uns brauchen«, war die Antwort, »aber du schweig still, und bewahre für dich, was du gesehen, es würde dir sonst zum Schaden gereichen.« Der Wagner ging nach Hause. Nun kannte er das Geheimnis. Da raunte ihm eine Stimme ins Ohr: »Sei nicht töricht, der Herzog wird dich reich belohnen, wenn du ihm verrätst, wo es Gold gibt. Du kannst

von ihm viel mehr bekommen, als von den Wichteln.« Und die Stimme wurde immer lauter und lauter. Und eines Tages schließlich ging der Wagner zum Herzog und verriet ihm, was er wußte. Gleich heuerte dieser eine große Schar Bergmänner an, und mit Winden und Schaufeln und vielen großen Geräten eilten sie zum schwarzen Bach und rissen der Erde tiefe Wunden. Doch, sie fanden nichts. Der Drache hatte, als er den Treuebruch vernommen, den Wagner in einen Felsbrocken verwandelt, ihn in den Stollen geworfen und die Goldader damit für alle Zeit verstopft.

So hat der Herzog aus dem Wertherschen Bergwerk niemals Gold schürfen können, um Münzen zu prägen und reich zu werden. Die Siegfriedstraße sollte besser »Drachengasse« heißen, denn genau hier hatte man den Schatzhüter laut heulend zwischen den Hütten davonschleichen sehen. Seine Rache hatte er gehabt, aber sein Reich verloren. Auch die Wichtel waren verschwunden. Und so finden auch die armen Leute heute keine Goldstücke mehr in ihrem Haus. Der Schwarze Bach aber fließt wie in alter Zeit durch Werther.

Werther Anfang der 50er Jahre.
Ob die Jungen wohl doch noch ein Goldkörnchen entdecken?

Die Fehde

Was haben doch die braven Leute im Lande geschimpft, als es allerortens noch die Fehde gab. Es waren einmal zwei Knaben, Ludwig und Otto. Ihr Vater war früh verstorben, und ihr einziger Spielgefährte war der Gustel, der jenseits des Johannisberges in einem schönen Bauernhaus wohnte. Seine Mutter hatte den sechsten Sinn. Sie konnte mit der Wünschelrute gehen; man holte sie, wenn man einen neuen Brunnen graben wollte. Auch ließ man sich von ihr die Warzen besprechen, aber sie konnte auch Verwünschungen aussprechen, und man fürchtete sie.

Als die Knaben ins Mannesalter gekommen waren, wurde aus Ludwig ein Bischof, und aus Otto ein Graf. Auch Gustel wuchs zu einem ansehnlichen Mannsbild heran, und die wundersamen Fähigkeiten der Mutter waren in ihn übergegangen. Sowohl beim Adel als auch beim Bürgertum war er gleichermaßen geschätzt und gefürchtet.

Damals nun wütete überall im Lande noch die blutige Fehde zwischen den Geschlechtern. Zweifelte jemand daran, von amtswegen zu seinem Recht zu kommen, so verschaffte er sich das höchst selbst. Er erklärte einfach der Stadt, in der sein Gegner wohnte, die Fehde. Dann war er berechtigt, jeden Bürger, der sich außerhalb der Schutzmauern seines Ortes befand, zu überfallen, zu berauben und sich an ihm schadlos zu halten. Dem Ludwig nun war der benachbarte Graf zu Tecklenburg feindlich gesinnt. Und Otto lebte in Unfrieden mit den Edelherren zu Lippe, so daß häufig Streit, Lug und Trug das Land unsicher machten. Dies aber schadete den Händlern und machte ihnen das Leben schwer. Und so nimmt es nicht wunder, daß sogar würdige Kaufherren bald lauthals wie die Marktweiber schimpften.

Als nun Gustel wieder einmal abends im Krug saß, mußte er hören, wie der Höker klagte: »Fünf Jahre habe ich Schilling für Schilling gespart, wollt mich einkaufen in die Gilde, hatte schon einen Fürsprecher, weg, alles geraubt, dieser Hundsfott, dieser unselige, heiliger Georg steh mir bei!«

»Hach, ich glaube dein Patron wird dir da wenig nützen«, warf der Kerzenmacher ein, »da mußt du dich schon an den Grafen wenden.« Es erhob sich nun ein großes Gemurmel und Geschimpfe. »Mir, wie ist es mir ergangen«, schrie der Schotteler dazwischen, »ich habe meine Pfennige zusammengekratzt, habe heute nacht Unterkunft bekommen in der Pilgerherberge in der Hagenbruchstraße, will nach Rom, und nun, nun?? Alles weg! Seien doch sämtliche Edelherren und Grafen verflucht, wir Kleinen, wir sollen das mal wieder ausbaden, wie immer, wie immer!«

Wie es nun dem Gustel so möglich war, dem Volk aufs Maul zu schauen, berichtete er das Gehörte sogleich dem Otto. Dieser war empört. Denn wieder einmal hatte der Edelherr zu Lippe eine Schuld zu unrecht gefordert, hatte die Stadt betrogen und unschuldige Bürger beraubt.

Da verbündete sich Graf Otto mit den Nachbarstädten. Man verpflichtete sich zur Hilfe bei Raubzügen und Brandstiftungen. Und so zog man gemeinsam gegen den zur Lippe. Nach blutigem Kampfgetümmel wurde dieser gefangengenommen, in einen rohgezimmerten Holzkäfig gesteckt und in den Buchsturm von Osnabrück geworfen. Dort hat er

jahrelang schmachten müssen, und nur durch ein hohes Lösegeld kam
er endlich wieder frei.

Wie aber die vielen Helfer bestrafen, die aus Feigheit, Unwissenheit,
Rachsucht und Gemeinheit die Übeltaten mitgetan hatten? Da wußte
der Gustel einen guten Rat. Er sagte zum Otto: »Lasse alle herbeirufen,
die im Gefolge des Unruhestifters standen, aber auch die, die voller
Mißgunst gegen dich waren. Sage ihnen, sie sollen sich auf meiner
Wiese treffen, sie würden eine gute Belohnung erhalten.« Da ließ Otto
einen Aufruf ergehen, auf daß sich alle versammeln sollten. Gustel aber
ging in der Nacht auf seine Wiese und verwünschte sie: »Jeder, der
meine Wiese betritt, der Böses im Sinne hatte und auf dessen Lippen die
Lüge wohnt, der soll auf der Stelle verwandelt werden in einen wilden
Stier!« Und als sich am nächsten Tag die Lakeien, die Schmarotzer, die
Schleicher und die Gefolgsmänner versammelten, da hatten sie kaum
mit einem Fuß die Wiese betreten, da waren alle zu wilden Stieren
geworden. Und sie stießen sich gegenseitig mit ihren Hörnern die Leiber
ein.

Dies sah die uralte Mutter des Gustel. Und mit der Weisheit des Alters
suchte sie Frieden. So nahm sie ihre letzte Zauberkraft zusammen und
milderte den Fluch. »Nicht wilde Stiere, tumbe, träge Ochsen mögen die
werden, die schuldbeladen die Wiese betreten.« Und so verwandelten
die sich wie tolle Bestien einander zerfleischenden Bullen in friedliche
Ochsen, die sich nur stumpf anstierten und wiederkäuten. Die Weide,

die gegenüber dem Johannisberg liegt, nannte man fortan die »Ochsenheide«. Heute gehen dort die Menschen spazieren, genießen die friedliche Natur und denken nicht mehr an die Zeiten, in denen es noch die Fehde gab.

Die Bauernkate jedoch, in der Gustel und seine alte Mutter gewohnt hatten, stand dort, wo heute das Bauernhausmuseum steht. Die Leute besuchen es gern, beschauen sich die schönen Dinge aus alter Zeit, und lauschen am Kaminfeuer zusammen mit den Kindern geheimnisvollen Märchen.

Das alte Bauernhausmuseum ist abgebrannt. Der Mölleringhof von 1590 befindet sich im Bau zum neuen Museum.

Die Abenteuer des Ritters Rabo

Am äußersten Rande des Teutoburger Waldes liegt die Tecklenburg. Dort lebte einst ein wunderschönes Weib, doch keiner ahnte, daß es eine Hexengräfin war. Sieben holde Töchter gebar sie ihrem Gemahl, doch als letztes Kind erblickte ein Knabe das Licht der Welt. Weil er so rabenschwarze Haare hatte, nannte man ihn »Rabo«. Wie nun die Mädchen heranwuchsen und die Gräfin sah, daß eine jede sie an Schönheit und Anmut übertraf, wuchs ein wilder Zorn in ihrem Herzen, und sie sann darauf, wie sie sich ihrer entledigen könne. So ging sie eines Nachts zum Weinberg, wo sich in einer Höhle unter den Teufelsklippen

»Hockendes Weib« der Dörenther Klippen

die Hexenküche befindet. Dort stand ein kleiner Satansbengel, hatte eine hohe Kochmütze über die Hörnerchen gestülpt und braute gerade einen beißenden Zaubertrank aus Schlangengift und Kröteneiern. Die Gräfin füllte sich in ihren silbernen Flakon davon ein Mäßchen ab und kehrte ungesehen zur Burg zurück. Am nächsten Tag bereitete sie ein großes Mahl für ihre Töchter und tat in die würzige Suppe einen guten Schuß des Hexentrankes.

Kaum hatten sie den Löffel zu den Lippen gebracht, verwandelten sich die lieblichen Mädchen in graue, häßliche Kröten. Sie flohen laut unkend ins Freie und verschwanden in einem Schlammloch.

Rabo, der als Knappe bei seinem Onkel aufwuchs, wurde von großer Traurigkeit erfaßt. Er verließ seinen Herrn, um fort von allem bösen Geschehen in die Welt zu ziehen. Doch zunächst kletterte auch er, sich Hilfe erhoffend, auf die Teufelsklippen. Denn nicht nur Verderbenbringendes wurde in der Hexenküche gekocht, auch

Liebestränke und Heilsäfte bereitete man zu. So traf Rabo in einer Graskuhle ein winziges freundliches Hexlein. Kaum hörbar wisperte es: »Wenn du drei Aufgaben erfüllst, kannst du dich und deine Schwestern vom Hexenbann erlösen. Gehe nur immer im Schatten des Waldes.«

So wanderte Rabo durch den Teuto und gelangte nach kurzer Strecke zum »Hockenden Weib« bei Ibbenbüren. Er ließ sich auf einem der Felsbrocken nieder, um ein wenig auszuruhen. Da hörte er eine tiefe Frauenstimme klagen:

O weh, o weh, o weh,
du sitzt auf meiner Buckelhöh'
es friert mich so bei Eis und Schnee.

Da breitete Rabo seinen Umhang über den Stein. Sogleich wuchs ein Moosmäntelchen über den kahlen Fels, und die Stimme sprach: »Als Dank brich von meinem Fuß einen Brocken und bewahre ihn gut, er wird dir hilfreich sein.«

Weiter wanderte der Jüngling und erreichte bei Versmold einen großen Acker, den man die »Runnenburg« nennt. Dort stand einst ein prächtiges Schloß. Es wurde durch Blitzschlag zerstört und alle seine Bewohner verbrannten. Wo aber der Schloßbrunnen gewesen, war ein tiefer Kolk entstanden, der jede Stund einen Schwall schmutziger Brühe auf die umliegenden Äcker warf, so daß diese ganz versumpften. Aus der Tiefe jedoch schien eine Stimme zu kommen:

O weh, o weh, o weh,
du trittst in meinen Kummersee
bann' das Wasser, daß es steh!

Da nahm Rabo seinen Gürtel vom Leib und warf ihn in den Kolk. Und siehe, die Fluten wurden gebunden und das Land wieder fruchtbar.

Schließlich führte ihn sein Weg in die Gegend südlich von Borgholzhausen. Dort herrschte eine große Dürre. Die Tiere auf den Weiden der Feldmarken und die Menschen in ihren Höfen und Kotten drohten zu verdursten, denn alle Brunnen waren versiegt. Tausendfach hörte Rabo nun Stimmen:

O weh, o weh, o weh,
schöner Knappe mache jäh,
daß ein Wunder bald gescheh.

Hilflos sah sich der Arme der Not der Bauern gegenüber. Da erinnerte er sich an das kleine Felsstück,
das er vom Hockenden Weib gebrochen. Er
kratzte mit seinen Nägeln Rillen in den
Stein, und als Blutstropfen rannen und er
schon aufgeben wollte, da wurde der Brocken
plötzlich zu einem mächtigen Bohrer. Mit gewaltiger Kraft bohrte er
sich in den glasharten Boden wohl an die 100 Meter. Es war der tiefste
Brunnen, und er führte das beste Wasser. Mit dem ersten Strahl aber
waren sieben Kröten herausgesprudelt und verwandelten sich zurück in
sieben liebliche Jungfrauen. Der Hexenbann war gebrochen.
Die Bauern verehrten Rabo als ihren Retter. Der baute auf dem Berg
neben dem Brunnen eine trutzige Burg, die Ravensburg. Er erwarb
Besitzungen nördlich und südlich des Teuto und wurde der Ahnherr der
Grafen von Ravensberg. Noch heute steht der hohe Turm der alten Burg
und schaut weit ins Ravensberger Land.

Der Grafenhof

*E*s stand in alten Zeiten der Grafenhof hier noch
   mit Fenstern im Gewölbe, so schmal und himmelhoch,
mit trutzig festen Mauern, gefügt wohl meterdick.
Dort leiteten die Herren der jungen Stadt Geschick.
Von Menschenhand erbaut, von Menschenhand zerstört,
kein Auge mehr ihn schaut, kein Ohr mehr von ihm hört.

Vor langer, langer Zeit durchstreifte Hermann, ein junger Graf, unsere
Lande. Von seiner Burg aus waren ihm drei Raben gefolgt. Plötzlich

umkreisten diese einen Berg und setzten sich darauf nieder. »Ei«, dachte der Graf, »hier müßte es gut sein, eine Stadt zu gründen.«

Die Gegend war reich bewaldet, nur einzelne Hofstellen lagen zwischen dem Gehrenberg und dem Waldhof, die die größte davon war. Auch kreuzten sich hier die Handelswege in glücklicher Weise. Der Hellweg führte über Paderborn nach Goslar, und der Paß durch den Osning öffnete den Weg nach Norden. Und wie der junge Graf so stand und sann, da krächzten auf einmal die Raben:

Gründe eine Stadt und gestalte,
baue eine Burg und erhalte
setze einen Hof und verwalte.
Aber hüte dich vor dem zweiten Sänger!

Und so gebot der Graf an den Ufern des Bohnenbaches eine Stadt zu erbauen. Er ließ den Muschelkalk des Teuto zu Quadern brechen und eine Burg daraus aufrichten, und endlich wuchs im Inneren der neuen Stadt, etwa da, wo heute das Leineweberdenkmal steht, ein stattliches Haus in dem er Hof hielt. Man nannte es den »Grafenhof«.

Hermann verstand es, Kaufleute für die Mitgründung der Stadt zu gewinnen und gab ihnen Ämter und für einen Wortzins (Wort = Grundstück) Hausplätze zu eigen.

Er regierte weise, scharte ein munteres Völklein um sich, und da er auch dem Spiel und dem Tanz zugeneigt war, stand sogar eine Kapelle in seinen Diensten. Eines Tages nun klopfte ein fahrender Sänger ans Hoftor. Der junge, stattliche Mann war gekleidet nach der neuesten Mode mit Gugel und Schecke, so eine Art Kragen mit Kapuze. Es war der vielgeliebte Barde Frauenlob. Er entzückte nicht nur die Gräfin und ihre Jungfern mit seinen lieblichen Minneliedern, sondern war auch so weise, sich der Gunst des Grafen zu versichern mit Lobgesängen ob dessen Klugheit und Güte.

Die drei Raben auf dem Berg sahen den Gang der Dinge mit Wohlgefallen und wachten über den Grafenhof. Die Bürger aber, die die Vögel so stetig und friedfertig sitzen sahen, munkelten, es seien die Ahnen des Grafengeschlechts, die behütend ihre Nachfahren durch den Wandel der Zeiten begleiteten und zogen darob ehrerbietig den Hut vor ihnen.

So vergingen viele Jahre.

Da klopfte an einem dämmrigen, naßkalten Herbsttag wiederum ein Sänger an die Türe und bat um Einlaß. Freudig wollten die Mägde öffnen in Erwartung einer fidelen Unterhaltung. Doch da hörten sie auf einmal die Raben gar kummervoll krächzen:

Lasset ihn draus, lasset ihn draus
bringt Graus ins Haus,
über die Schwelle zieht der Geselle
Unglück schnelle!

Doch die Mädchen lachten, mißachteten die Warnung und ließen den Fremdling ein. Ach, wie erschraken sie bei seinem Anblick! Es war der böse Mannestrutz. Mit der seitlich geknöpften schwarzen Heuke, einem altmodischen langen Umhang, verdeckte er halb sein grimmiges, zerfurchtes Gesicht, und, krumm hereingehinkt, heischte er barsch einen Humpen Wein und einen zweiten und einen dritten. Dann drang er grölend in die Gemächer des gräflichen Paares und bot ihnen unflätige Gassenhauer dar.

Als der alte Graf ihn darauf des Hofes verwies, stieß Mannestrutz einen Fluch aus:

Freude weich aus Eurem Leben.
Streit und Hader soll es geben!
dieses Haus es soll verwehn,
das Geschlecht soll untergehn!

Kaum waren die letzten Worte verklungen, stieg ein beißender Rauch auf, und der Mann war wie ein Spuk verschwunden. Schreckensbleich standen die also Bedrohten, doch noch entsetzter waren sie, als sie gewahr wurden, daß auch die drei Raben nicht mehr auf ihrem Berg hockten. Man fand dort noch drei Häufchen Asche und ein winziges, halbgeschmolzenes Krönchen.

Von da ab hatte das Glück das Grafenhaus verlassen. Es gab Streit mit den älteren Orten um Jagdgründe und Viehweiden. Auch verlangte die Stadt nun Zoll auf Waren, die durch ihre Grenzen befördert wurden. Das erboste die Nachbarn derart, daß ein Haufen zorniger Männer mit Äxten, Schleudern und Fackeln gen Bielefeld zog und dort große Verwüstungen anrichtete. Sie fällten alle Eichenbäume und ließen die Palisaden toppen. Sie quälten Frauen und Kinder und legten Brand an die Kirchen. Dem Grafengeschlecht wurde kein männlicher Nachfolger mehr geboren, und der Stamm derer zu Ravensberg verdorrte. Durch die Ehe der letzten Grafentochter kam das Land unter fremde Herrschaft, und endlose Erbstreitigkeiten zogen sich durch die Geschichte. Der Grafenhof verödete. Eine Zeitlang diente er gar als Schweinestall, und das Gequike und der Gestank der Tiere verbreitete sich über die ganze Stadt. Später hatten ihn Bürgerliche wieder genutzt. Doch im letzten Krieg wurde er – das älteste steinerne Haus von Bielefeld – ein Opfer der Bomben, und keiner weiß mehr von ihm!

Wort-Erläuterungen

134

135

Empfang der
dicken Antoinette von Lothringen...